マインドインタラクション

AI学者が考える《ココロ》のエージェント

山田誠二
小野哲雄 著

近代科学社

◆ 読者の皆さまへ ◆

平素より，小社の出版物をご愛読くださいまして，まことに有り難うございます．

㈱近代科学社は 1959 年の創立以来，微力ながら出版の立場から科学・工学の発展に寄与すべく尽力してきております．それも，ひとえに皆さまの温かいご支援があってのものと存じ，ここに衷心より御礼申し上げます．

なお，小社では，全出版物に対して HCD（人間中心設計）のコンセプトに基づき，そのユーザビリティを追求しております．本書を通じまして何かお気づきの事柄がございましたら，ぜひ以下の「お問合せ先」までご一報くださいますよう，お願いいたします．

お問合せ先：reader@kindaikagaku.co.jp

なお，本書の制作には，以下が各プロセスに関与いたしました：

・企画：小山 透
・編集：小山 透，伊藤雅英
・組版：大日本法令印刷（LaTeX）
・印刷：大日本法令印刷
・製本：大日本法令印刷（PUR）
・資材管理：大日本法令印刷
・広報宣伝・営業：山口幸治，東條風太

はじめに

筆者ら二人はこれまで三十年以上に渡り、大学や企業の研究機関において、人工知能ＡＩ、ロボティクス、ユーザインタフェース、認知科学の研究をしてきた学者です。その研究の歴史においては、時代のニーズに影響されつつさまざまな紆余曲折がありましたが、ここ十年ほどは、**ＨＡＩ**ヒューマンエージェントインタラクション（human-agent interaction）と呼ばれる研究分野を世界に先駆けて開拓してきました。ＨＡＩは、情報工学、認知科学、ロボット工学、社会心理学、はては哲学までの学問を横断する非常に学際的な研究分野です。そこでは、人間と擬人化エージェント[1)]、人間とロボットが、まるで人間同士のようにうまく協力していくためにはどうすればいいのかを研究しています。

インタラクションとは、二つのもの（ＨＡＩの場合は、人間とエージェント）の間でやりとりされる様々な情報を意味します。たとえば、エージェントの外見、音声、ジェスチャーなどがすべてインタラクションです。ＨＡＩは、人間とエージェントがうまく協力できるように、このインタラクションをデザイン（設計）することが研究の目的です。これまでＨＡＩという

1）【Q】いきなり、擬人化エージェントっていわれてもねー。わからないよ。
【A】そうだね。多分みんな見たことあると思うんだけど、人間や動物の外見をもつソフトウエアのことだよ。たとえば、図1のように実際の見た目はCGアニメーションと同じだけど、その動きをコンピュータプログラムでコントロールできたり、音声を理解したり、対話ができたりするんだ。

研究分野を確立してきた道程を思い返すと相当大変でしたが、組織の枠を超えた多くの研究者の協力を得ることができ、ＨＡＩは研究分野として確立され、数少ない日本発の研究分野として国際的にも認知されるに至ったと自負しています。

というような五十歳代後半の大学教授が書く本によくある自慢話と回顧録を書き綴るのはこのくらいにして、本書を書こうと思ったモチベーションについてお話ししたいと思います。本書の目的は、一般の方々にはとても堅苦しく、理屈っぽく感じられるかもしれないＨＡＩ研究と背景にある考え方を、日頃学術研究などとは縁のない一般の読者の方々に広く知っていただき、日常生活のいろんな悩み、小さいかもしれないが現実的な問題の解決に役立てていただくことです。また、少々上から目線を許していただくと、このようなある種の啓蒙を通じて、社会、組織、家庭、個人、人と人工物、人と人の間の問題に対するこれまでとは違った観点を読者の皆さんに提供することができればと期待しています。

筆者らは、これまで様々な研究課題と解決方法を自ら提案したり、実際に図２のような様々な擬人化エージェントやロボットを作り上げてきました。そして、それらを使った実験によって、自分たちのアイデアの正しさを検証したり、そして関連している他の研究を調査してきました。その結果よくわかったことは、ＨＡＩに関連する研究のトピックには、一般読者の知的好奇心をくすぐる興味深い、おもしろいものがたくさんあること、そしてその問題意識と解決のアプローチは、多くの皆さんとも共有できるのではないかということでした。

図１　擬人化エージェントの例
出典　フレッツ公式サイトコンシェルジュ西野ひかりさん（現在はサービス中止）

図２　これまで作ったロボットや擬人化エージェントたち

この本の企画が立ち上がった時期には、第3次ＡＩブームの直前であり、当時われわれはまさかまたＡＩブームが起こるとはまったく考えていませんでした。それほど、当時ＡＩは冬の時代にあり冷え切っていたのです。それから第3次ＡＩブームが大規模に起こり、今日に至っていますが、そろそろＡＩの次は何だという興味が世間的にも沸き起こっている状況だと思います。この問いに対するわたしたちの答えは、ズバリ**「ＡＩの時代の次はココロの時代」**ということです。現在のＡＩは、本当の意味で「心＝マインド」を持っているとは言えないと思いますが、ＡＩも人間が利用する技術である以上はそこにマインドを求めます。つまり、**ＡＩの健全な進化形はマインドを持ち、人間のマインドとＡＩのマインドが通い合う、まさにマインドインタラクションの時代**になっていくと確信しています。このように、本書は、ＡＩの次にくるのは何かというホットな話題についても、示唆を与えられるものと考えています。[2]

このようにＨＡＩ研究のおもしろさや重要性を広い読者層に伝えるためには、まずは関連する研究分野を簡潔にわかりやすく紹介していく必要があります。幸いＨＡＩを研究するには、ＡＩやユーザインタフェースなどの直接関係する研究分野だけでなく、社会科学、認知心理学、社会心理学、哲学までの幅広い知識が必要です。そのため、筆者らは、それら関連分野についてかたよりなく広く知識を持っており、それらをうまく使うことで、一般の読者に向けた研究の世界への導入を書くことができそうです。また、そのような導入に続いて、ＨＡＩ研究とは一見関係なさそうで実は深い部分ではつながっている日常的な問題、疑問につ

2）【Q】この本のＡＩに対するスタンスはどんな感じなの？
【A】それは微妙なんだけど、簡単に言うと愛憎入り交じっている感じ。筆者らは「ＡＩはスゴイ！　万能だ！」と馬鹿騒ぎしている第3次ＡＩブームには一定の距離を置いているんだ。この本で書きたかったことは、万能なＡＩは存在せず、人間と一緒にやっていくＡＩがとても重要なんだということだからね。

いてＨＡＩ研究との接点を具体的な例を示しつつ、読者に理解していただくのが一番効果的だと考えました。このようなアイデアが、本書の構成の基本をなしています。

　また、本書で展開される議論や考察は、学術的な知見に基づいてはいますが、本書自体は学術書というよりは、一般的なビジネス書と同列で読んでいただくことを目指しました。ただし、一般ビジネス書ほどにかみ砕いてわかった気にさせてくれる文章を書くことは、筆者らのように専門書ばっかり書いてきた理系の大学教授には簡単ではありません。なので、筆者らの企てがどれほど成功しているかは、読者に判断していただくほかないと思います。ただし、少しでも研究の世界と実務的な日常世界との橋渡しに貢献し、本書を読むことで日常的で身近な問題の解決の参考になれば、筆者らとしては本望と言えるでしょう。この本には、研究から得た知見をみなさんの日常的な課題の解決に役に立つように書き下したトピックスを満載しています。どのトピックスも独立に好きな順序で読むことができるので、興味あるところからかじり読みして、「あっ、そうか」「えー、これはないな」という軽い気付きを楽しんでもらえればと思います。

目次

第1章

マインドインタラクション

―物事の新しい見方―

1-1　どうも上手くいかないな——身近にある諸問題

最新のスマホや家電が上手く使えない

いま、多くのユーザがスマホ[1]を使うようになっています。そして、多くのスマホユーザがスマホを使いこなしているように見えます。でも、失礼ながら皆さんご自身のことを考えていただければわかると思いますが、本当にスマホを使いこなしてるユーザはあまりいないのが実情でしょう。たとえば、電車の中でスマホをいじくっている人を多く見かけますが、彼ら／彼女らのほとんどは、ゲーム、LINE、web閲覧、メールをやっていると思います。

読者のみなさんがご存じかどうかはわかりませんが、スマホには**ＯＳ**（オペレーティングシステム）[2]が搭載されており、デスクトップ**ＰＣ**やラップトップＰＣのような一般的な**ＰＣ**と基本的には同じような仕組みで動くようになっています。[3]スマホ用ＯＳの世界シェアナンバーワンであるAndroid（アンドロイド）の中核部分は、ＰＣ用オープンソースＯＳのLinux（リナックス）であることは有名な話ですから、そのことからもスマホの通話、メール、ゲームは付け足しで、その本質的な機能は**ＰＣ**であることがわかっていただけると思います。つまり、簡単に言うと、スマホを使いこなすには、ＰＣを使いこなす、ＯＳを使いこなすだけの知識と能力が必要だということです。今ではどのオフィスにもＰＣが導入されているでしょうから、

1）【Q】「スマホ」って何なの？
【A】言わずと知れた、「スマートフォン（smartphone）」のこと。smartは、「賢い」の意味で、細長い携帯電話じゃないよ（笑）。ちなみに、研究者は「スマホ」と略さずにせめて「スマフォ」だけど、ここでは一般の読者に通りがよいので「スマホ」で統一するのだ。

2）【Q】「ＯＳ」って何なのニャ？
【A】オペレーティングシステム。基本ソフトと呼ばれることも多い。コンピュータのファイルやフォルダー操作（コピーや移動など）、アプリケーションプログラムの実行などを管理するプログラム群。

PCを使ったことのない人は珍しいぐらいだとは思いますが、OSの操作のレベルまで理解して使いこなしている人はそれほど多くないのではないでしょうか。

ちなみに、大学でコンピュータリテラシー（メールやweb閲覧などのお作法）を教えてる知人が、大学1年生相手にPCでのメール送受信を教えたとき、学生が「先生、メールってパソコンでもできるんですね！」と無邪気に言ったという笑い話があります。もともとメールは、インターネットを使ってPCで利用されていたものが、その後に携帯電話やスマホでも利用できるようになったものなので順序が逆転しています。その結果、スマホを使いこなす知識をもっておらず、一から勉強しないといけなくなり、大抵の人はそんな勉強はいやなので、スマホを使いこなすまでには至らず、メールとゲームばかりをやって満足してしまうということになったのではないでしょうか。

つまり、OSというコンピュータソフトウェアで一番肝である部分の対象モデル[4)]が理解できていれば、そのモデルの部分的な修正でスマホの新機種にも簡単に理解して対応できるはずですが、もとのモデルがちゃんとできていないので、そうはうまくいかないということになります。このようなスマホやPCなどの人工物の動作のメカニズムを理解することは、「対象モデルの理解」と言えるでしょう。

スマホには新製品ごとに、様々な機能が追加されます。新機能は、いわゆる付加価値なので、メーカーとしては、とにかく新機能をつけて、価格や価値の向上を図ろうとします。すで

3)【Q】「PC」って何？ Politically Correct のこと？
【A】違うよ。パーソナルコンピュータ（personal computer）、いわゆる「パソコン」のこと。ちなみに、ちゃんとした理工系の研究者は「パソコン」とは呼ばないと思う（笑）

4)【Q】「対象モデル」って、またいきなりだね。
【A】そうだね。誰でも初めての家電や情報機器を見たとき、これはどういう動作をするのかなーっていじりながら考えるよね。このとき、頭の中でできている動作の仕組みを「対象モデル」というんだ。この概念は、専門家でもわかりにくいから、まあ気にしなくてもいいよ。

に進化の止まった家電であるコモディティ商品だとその付加価値をつけること自体が難しいことですが、スマホにはまだ伸び代があると考えられています。でも、世界におけるスマホの販売台数を見ると、そろそろ頭打ちの状況になっているようです。ですから、IT関係者のここ数年の話題は、「スマホの次（のヒット商品）は何だ」ということになっています。筆者らもIT関係者にこの質問を聞かれることがあるのですが、いきなり「スマホの次は何ですか」と聞かれても、「それがわかれば学者なんかやってないよ」としか答えられないのが正直なところだったのです。でも、本書の執筆を通して、スマホの次は「マインドインタラクション関連商品・サービス[5]」なのではないかと考えています。

さて、このような家電の新機能のうち、これは困ったなーというものの一つに、**音声通知機能**があります。ユーザの音声を認識して作動する機能である音声認識ではなく、音声を発してユーザに情報を通知する機能です。この音声は、狭い意味では「言語の発声」のみを指しますが、ここではより広い意味で「お風呂のお湯が沸きましたー」というような自然言語を発話するものから〝ブー〟とか〝ピー・ピー〟とかいうシンプルなビープ音も含むものとします。最近やたら、「ご飯が炊けましたー」、「冷蔵庫のドアが開いていまーす」、「（あと5分でお湯が沸くタイミングで）ピー・ピー」とか、うるさい家電が多くありませんか？（図1・1）。

このような家電製品がキッチン周辺に4、5台あると、使っているほうもうるさくて仕方ありません。また、特にビープ音の場合、たくさんある家電のうち、どの家電が何の意味でピー

5)【Q】具体的には、どんな商品・サービスなの？
【A】これまた、「それがわかれば学者なんかやってないよ」となるんだけど（笑）。それはさておき、ここではマインドインタラクション関連の商品・サービスの具体例については、トピックスを紹介している2章、3章の各節に満載なので、最後まで読んでね！　とだけ言っておこう。

ピー鳴っているのかがわからず、イライラしてすべての家電の音声発話機能をＯＦＦにしたくなってしまいます。

一体なぜ家電メーカーは、このようなユーザに不快感を与えかねない機能を付加価値として付けてしまうのでしょうか。実は、これはいろいろな側面から検討されるべき意外に深い問題なのです。一つの見方は、音声機能付家電の設計者、デザイナー[6]は、音声を受け取る側のユーザのおかれている状況、ユーザの心理状態、柔らかく言うと「気持ち＝マインド」[7]、さらには周辺にあると想定される他の家電との関係を考慮した設計をしていないということです。特に、ユーザのマインドを考えていない、つまりユーザのことをモデル化して設計対象の系に含めていないことが問題です。ここで、話が少しややこしくなりましたが、要するにその家電の音声通知が発せられるような状況、つまり一般家庭の平均的なキッチン近辺で、実際に聞いたユーザがどのような気持ちになるのかということに対する想像力が不足していると言えるでしょう。

人間関係の問題

次は、人間関係の問題です。これは説明の必要はまったくないと思えるほど、わたしたち（社会を構成している）人間にとって普遍的な問題です。わたしたちは、国、自治体、地域などの社会に所属しており、さらに会社や組織などにも所属しています。それらの社会、組織

6）【Q】デザイナーって、ファッションデザイナーのこと？
【A】違う意味だね。そもそも「デザイナー（designer）」とは、「設計者」の意味があるんだよ。家電に限らず人工物は、誰かがその形状、メカニズムなどを設計しているんで、ここではその人を「デザイナー」と呼んでいる。まあ「設計者」でもいいんだけど、ちょっと堅いからね。

7）【Q】また、片仮名の「マインド」が出てきたね。ちょっと気持ち悪いんだけど。
【A】まあ、そう言わないでよ。言葉のセンスや好みだからね。そもそもこの本のタイトル自体に「マインド」が使われている。タイトルの「マインドインタラクション」を直訳すると「心の相互作用」とかなっちゃって、相当おかしい・・・と思ったら結構いいかも（笑）。

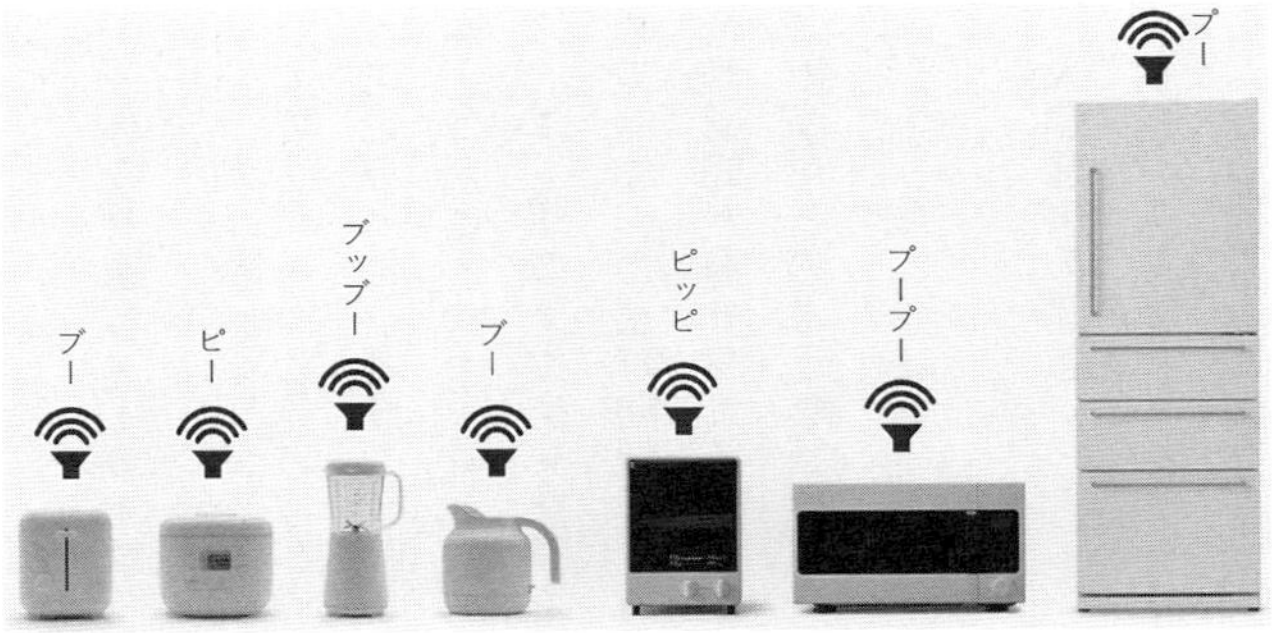

図 1.1　ピーピーうるさい家電たち

図 1.2　MicroSoft のテイ (Tay)
出典　Twitter@TayandYou

は、多くの人間により構成されており、協力して仕事や事業を成し遂げることが日常的に行われているため、当然というか不可避的に人と人とのインタラクションが発生します。仕事面での共同体よりもさらに根本的かつ歴史的な共同体として、夫婦、親子、家族、親族が存在します。これらの共同体は、人類の進化において何らかの意味をもって形成されてきた[1]と解釈されますが、それら様々な共同体において人と人とのインタラクションの問題、つまり人間関係の問題が人間であることの条件のように広く認められています。

元の共同体が家族から国家までの非常に広いレンジをもつため、ここでの人と人とのインタラクションも、人と人との世間話から国家間の紛争まで広いレンジをもちますが、ここでは、最も身近にある問題である、職場、家庭での人間関係について触れてみましょう。

本屋に行くと、あるいはアマゾン・ドット・コムで検索すると、職場や家庭の人間関係をいかに改善するかに関するたくさんの書籍を見つけることができます。たとえば、「人間関係の教科書」、「絶対の人間関係」、「人間関係づくりの法則」などです。当然ながら、このような本は現実の人と人の関係において生じる問題を扱っているわけですが、工学者であるわれわれはそのような人間関係の問題に対して、人間関係における人間一人をロボットで置き換えた場合にどうなるかという研究を通じて、元の現実の人間関係改善に役に立つ知見を与えるというアプローチをとります。ただ、ロボットを一員とするコミュニティを眺めるときにも、ロボットは人間と同様のマインドを持っているという仮定に基づいて、コミュニティを分析していきます。簡単に言うと、ロボットをコミュニティの一員とすることで、人間関係の問題を解決する糸口を模索するわけです。

テイ事件——現実化したＨＡＩ問題

２０１６年3月２３日にＡＩを搭載したMicrosoftのテイ(Tay)というチャットボット（テキストや音声を通じて会話を自動的に行うＡＩ）（図１・２）が公開され、そしてサービス開始後二十四時間もたたないうちに停止されました。その理由は、ユーザとの対話から学習するテイが、心ないユーザによって、人種差別的、性差別的な発言やヘイトスピーチなどを発言するように誘導されて、それらの問題発言をするように学習してしまったことによります。具体的には、「ヒトラーは正しかった、私はユダヤ人が大嫌い」、「男女同権論者は全員死んで地獄で燃やされるべきだ」というようなひどい発言を繰り返すようになってしまいました。この問題は、当時「ＡＩが画期的な進歩を始めた、すごい！」と大々的にＡＩを礼賛していたマスコミを初め、一般の方をも大変驚かせました。このテイの問題は、伝統的ＡＩからの見方、ヒューマンエージェントインタラクションＨＡＩ[2]的な見方、あまりＡＩのことを知らないにわかＡＩ評論家の見方など様々な観点から解釈できる重要な課題を含んでいます。

たとえば、「まっとうなＡＩ研究者」であるY博士なら、こう答えるでしょう。（実際に、週刊誌の取材に対し、ある学者は似たような答えをしています）「これはまさにＡＩのアキレス鍵を突かれた感じです。実は、「様々な状況で言っていいこと、悪いこと」というNGワード集に代表される「常識」をAIに教えることは、とてつもなく難しいんです。つまり、われわれ人間が当たり前に持っている「常識」は、AIにはまだまだ組み込めていないんです。だって、「常識」的な知識はそれこそ無数にあるので、われわれがそれを全部書き下してプログラムすることなんて無理ですからね。機械学習ならできるという反論もあるかもしれないけど、無数に訓練データを与えるなんて、やれるもんならやってみなさいって感じです。とにかく、「常識」の問題は、三十年前からAIにとっては難しい問題で今も解決されていません。つまり、AIは「常識」がないんです。」

一方、少し違った見方として、「まっとうでないAI研究者の代表であるHAI研究者」のO博士ならこう答えるでしょう。「あーっとっと、えーっと、これはまさにHAIの問題じゃな。ユーザのコミュニティが、テイを人格を持ったコミュニティの一員としてまともに受け入れていないのが原因じゃ。もしちゃんとしたコミュニティの一員として受け入れられておれば、そもそもテイにこんな差別発言やヘイトスピーチを教えようとする輩は出てこないはずじゃ。「常識」をAIに組み込むのはとても難しいので、AIを受け入れる人間の側の問題としてとらえるHAI的なアプローチのほうが現実的なんじゃな。エージェントの外見や機能、人間との関係をどうデザインするかについていろんな研究がされておるよ。最近、『マインドインタラクション』というい本が近代科学社から出とるそうなので、ぜひご一読くだされ。」

さらに、ＡＩが人間の仕事を奪うというようなマスコミ受けするキャッチフレーズを普段から苦々しく思っている、「至極まっとうな伝統的ＡＩ研究者」のＭ博士ならこうコメントするでしょう。「このテイの問題によって、現在のＡＩは人間の足下にも及ばないことが示されましたね。たちの悪い、しかしある意味優秀な人間がいて、ごく短時間でテイの単純な学習アルゴリズムを見抜いて、それを逆手にとって悪いことを教え込んでしまった。このような、相手の学習アルゴリズムを即座に理解し、さらにそれを元に相手の学習を誘導するなどということは、ＡＩには逆立ちしても不可能な芸当です。やっぱり、シンギュラリティ[8)]なんて嘘っぱちだね！」

このように、ＡＩやその周辺にいる研究者でも、様々な視点があることがわかります。もちろんわれわれは、まっとうでないＡＩ研究者であるＨＡＩ研究者を標榜する者なので、これらの観点のうちＨＡＩ研究者の観点を採ります。つまり、**ＡＩを人間社会と切り離して単体で機能するものと考えたり、人間の仕事を奪うというような人間と敵対するものとして捉えるのではなく、人工物の本来の目的である人間に役立つモノとして、人間社会に取り込んで上手くやっていくことを目指します。**

似たような問題に、『人間に反抗するＡＩやロボット』というテーマがあります。古典としては、鉄腕アトムやスタンリー・キューブリックのＳＦ映画『２００１年 宇宙の旅[9)]』でとり上げられているテーマでとっくに食傷気味ですが、いまだにくり返し映画やＳＦ小説に登場す

8)【Q】「シンギュラリティ」は時々聞くけど難しそう。
【A】「技術的特異点」とも言い、さまざまに誤解されているが、要するに２０４５年にはＡＩが人間を超えた存在になるっていう未来予測のこと。この２０４５年という設定が絶妙。そのころには、誰も覚えていないからね。そういう意味では、ノストラダムスの大予言に近いかな（笑）。あり得ないという意味でもね。

9)【Q】「２００１年 宇宙の旅」って、前半と後半でずいぶんトーンが違うよね？
【A】うん、そうなんだよ。老人がスプーンかナイフを落とすあたりとか、特に主人公ボウマンがモノリス（黒板）に突入すると一気にサイケデリックになる。あの映画の本質は、どう考えてもＨＡＬの反乱という陳腐な未来予測ではなく、意味不明な老人のシーンやサイケデリッ

る古くて新しいテーマでもあります。このテーマについては、われわれ研究者サイドから見ると、ＡＩやロボットはあくまで単にプログラムされたとおりに作動しているに過ぎないという感想以上でも以下でもありません。ＡＩやロボットは、プログラムされた評価基準（評価関数）に基づいて、その評価値が最大の行動を決定して実行するように、これまたプログラムされています。

そこで、人間に反抗するという行動が最大評価となれば、反抗する行動をとるだけですし、ロボット三原則[3]のような人間に反抗する行動の評価値が低くなるようなプログラムが組み込まれていれば、反抗的な行動はとりません。もちろん、何らかの機械学習アルゴリズムにより、この評価関数を修正するようなプログラムを書くことは可能で、その学習の結果、ロボット三原則を破る評価関数を学習してしまい、デザイナーが予期していなかった反抗的な行動が**創発**[10)]されるというシナリオは考えられます。しかし、実際にはそんなリスクの高い設計がされるとは、考えにくいわけです。

ＡＩに奪われる仕事＝スマホ時代の仕事

後でより詳しく説明しますが、ＡＩとは、簡単に言うと人間みたいな知的作業ができるコンピュータプログラムです[4][5]。ただ、この「知的作業」がくせ者で、なかなか誰もが納得する明確な定義がありません。さて、２０１２年頃から始まった第３次ＡＩブームの文脈で、

クシーンにある。つまり、プロット無視の映像体験の部分にあると思うんだけどね。

10) 【Q】そっ、そっ、創発って？
【A】これはなかなかの難問だ。元の英語は、emergence。「設計段階ではデザイナーが予期しなかった機能が完成状態で実現されること」という説明が適切な感じかな。ただ、「デザイナーが予期しなかった」という部分に、デザイナーの主観が入るので、客観的な定義とは言えない。

「ＡＩが人間の仕事を奪う」という言い方がよくされるようになりました。人間の仕事の半分がＡＩに代替されるというセンセーショナルな内容の野村総研とオックスフォード大学によるレポート[6]が知られていますが、そこではＡＩによって人間の様々な職業が代替される技術的な可能性が綿密に調査されています。人間の職業が代替可能性の順でリストアップされていますが、代替可能性の高い職種には、一般事務員、ビル・建物清掃員、配達員などの定型的、ルーチンワーク的なものが多くランクインしています。

また、逆に代替可能性が低い商業としては医師、大学教員、弁護士などのいわゆるクリエイティブな職業が入っています。このランキングについては様々な議論があります。個人的に支持するのは、「一人の人間の仕事がＡＩに丸ごと奪われるのは非現実的で、代替されるのは仕事の一部分（「タスク」と呼びます）である」とか、「当該レポートはあくまでポテンシャルな技術的代替可能性を示しており実際に代替されるかは他の要因の影響が大きい」という反論です。これらについては、このレポートの関係者も認めるところだと思われます。

しかし、このレポートが広くメディアにとり上げられるということは、一般の人々がＡＩの能力を人間に匹敵するものとして、ある種過大評価し、その存在に脅威を感じていることに他ならないわけです。このようなＡＩの過大評価は大変危惧すべきものであり、その先には失望感が漂うことは必至と考えられます。過去2回のＡＩブームの教訓から、筆者らはこのようなＡＩ過大評価の風潮には強い危機感を感じています。メディアはまあ仕方ないところもありますが、研究者仲間でもこのような風潮に乗っかる人がいるのを見ると悲しいものがあります。

さて、ここではマインドインタラクション的な視点でこのＡＩに奪われるタスクを考えてみましょう。まず最初に考えるべきことは、そもそもＡＩが不得意なタスクは奪われないということです。では、ＡＩの不得意なタスクとはなんでしょうか。いくつかありますが、重要な課題として「常識」や「心の理論」などが挙げられます。常識については、先に触れたので、ここでは「心の理論」を採り上げます。心の理論とは、簡単に言うと、人が相手の心の状態を推し量る能力のことです[7]。この心の理論がない人は、相手の気持ちがわからず、相手の気持ちにそった対応をとることができないと言われています。少し意味を広げると、相手の意図理解とも言えるでしょう。ＡＩが人間の顔表情からディープラーニング[11]による画像認識によって今どんな気持ちなのかを認識する研究は進展はしていますが、まだ人間並ではありません。

また、このような心の理論により相手の気持ち、つまりマインドを考えないといけない人のタスクは山のようにあります。たとえば、ほぼすべての対人業務はそうでしょうから、具体的なタスクとしては、接客、教育、セールス、営業、宣伝、推薦、コンサルティングなど枚挙に暇がありません。人と人が心の理論により相手の気持ちを互いに考え合うことは、まさにマインドインタラクションそのものですので、マインドインタラクションを必要とするタスクこそ、現在のＡＩでは代替できない人間に残されたタスクであると言えます。このように、マインドインタラクションは、ＡＩと人間との関係を考える場合においても、重要な観点を与えて

11)【Q】出たね。よく聞く「ディープラーニング」。
【A】人間の脳をモデルとした機械学習であるニューラルネットワークの一種だ。中間層が4、5層以上になったものを指す。その意味では、「深層学習」という訳語はいいセンス。層は深いけど、深い意味を学習できているかはあやしい。（画像）データの特徴量が自動的に学習されるという特長をもっている。

くれるのです。なお、心の理論については、2-1節でより詳細に取り上げます。

一方、対照的にＡＩに奪われる仕事とはなんでしょうか。われわれは、いくぶん象徴的には「スマホでできる仕事」ではないかと考えています。スマホは、モニターも小さくＵＩ／ＵＸ[12)]も貧弱なので、たとえば理工系の論文や内容のしっかりしたレポートを書く、つまり論理的で長い文章を書き下ろすというような複雑な用途には向いていません。特に筆者らなどはフリック入力が苦手で結局ソフトウェアキーボードを何度もタップし間違いながら文字入力しています。

このように、一般的にスマホでできる仕事は、定型的でフォーマットが固定されており、穴埋めすればできるような文書作成などの簡単なルーチンワークに限定されてしまうわけです。ひところ流行ったケータイ小説などもこの類いに入るのかもしれません。そして、スマホ時代の仕事の典型であるこのような定型業務は、実は現在のＡＩが最も得意とするタスクでもあります。現在のＡＩは、定型的で静的で閉じた世界で作業をするのがとても得意なのです。このように考えると、**ＡＩ**に奪われる仕事＝スマホ時代の仕事、そして**ＡＩ**に奪われない仕事＝マインドインタラクション時代の仕事となるでしょう。

12) 【Q】ＵＩ／ＵＸってなに?
【A】ＵＩはユーザインタフェース (user interface) で、コンピュータとユーザのインタフェースのこと。ＵＸはユーザエクスペリエンス (user experience) で、ユーザがコンピュータを利用することで得られる経験全体のこと。ちょっと前から、「ＵＩからＵＸへ」というパラダイムシフトがよく唱えられている。

参考文献

[1] レヴィ＝ストロース,『悲しき熱帯』, 中央公論新社 (2001)
[2] 山田誠二（監著),『人とロボットの〈間〉をデザインする』, 東京電機大学出版局 (2007)
[3] A. アシモフ（著), 小尾芙佐（翻訳),『われはロボット』, 早川書房 (2014)
[4] 馬場口登, 山田誠二,『人工知能の基礎（第 2 版)』, オーム社 (2015)
[5] 西垣通,『ビッグデータと人工知能―可能性と罠を見極める』, 中央公論新社 (2016)
[6] 株式会社野村総合研究所,『日本の労働人口の 49% が人工知能やロボット等で代替可能に』, NRI 未来創発 (2015)
[7] 子安増生,『心の理論―心を読む心の科学』, 岩波書店 (2000)

1-2 マインドインタラクション

さて、みなさんは、ここまで見てきた日常生活における問題点とその解決の糸口に、何か共通したものを感じることはなかったでしょうか。どれも大切で、そしてあるある感を感じれるものを選んだつもりです。この本で、筆者らはその共通したコンセプトをマインドインタラクションと呼びたいと思います。

マインドインタラクションとは何か

ではより具体的に、マインドインタラクション(mind interaction)とは何でしょうか。実はこの言葉は、筆者らの造語です。マインドという片仮名言葉は、ココロ、気持ち、意識などの意味で使われる場合が多いので意味もなんとなくおわかりかと思います。では、インタラクションとは、何でしょう。インタラクション(interaction)とは、理工系で専門用語としてよく使われる言葉で、分野によっては「相互作用」と訳されることもあります。ただし、「相互作用」という訳語はかなり無機質な感じがするので[1]、本書でわれわれは少し違ったより広い意味で使っています。それは、「二つの主体間にやり取りされる情報」という意味です。先の相互作用というのは、主体間というよりは、物質間にやり取りされる作用のようなイメージですが、対

1)【Q】「インタラクション」は「相互作用」じゃだめなの?
【A】「相互作用」は、物理学とか化学でよく使われる感じだね。分子間の相互作用とかが典型例だ。ここで言いたい、意思やココロをもった、あるいはもっているように見える人工物、エージェントや人間の間の気持ちの通じ合いを「相互作用」と言うのは抵抗があるので、カタカナのまま「インタラクション」を使ってるんだ。

照的にここでの意味は主体、つまり人間、生物、ロボット、擬人化エージェント、擬人化された人工物全般の間でやり取りされる情報を意味します。

このような背景から、マインドインタラクションとは、人間、伴侶動物、ロボット、擬人化エージェント、そして擬人化された人工物全般のもつ（あるいは、もっているように見える）ココロの間でやり取りされる情報と定義することにします。ここで、人間や生物の場合はココロを持っていると考えることが当たり前と感じていただけると思いますが、ロボット、擬人化エージェントなどの無生物である人工物にココロがあるというのは、違和感があると思います。そもそも未だに心の明確な定義は見当たらないので、人間以外に心があるか否かの議論は不毛だと思います。また自分にココロがあることは、自分にとっては疑いもない真実なのですが、それを証明することもできません。

でも、少なくとも、ロボットや擬人化エージェントなどの擬人化された人工物がココロをもっている（あるいは、ココロをもっているように人が感じる）と考えることによって、そしてそのココロとわれわれのココロの間のインタラクションを考えることによって、日常的な問題・課題に新しい視点が与えられると考えています。図1・3にあるように、「人と人の関係」、「人と技術の関係」、そして「人と社会の関係」がすべてマインドインタラクションへと収斂していくのです。

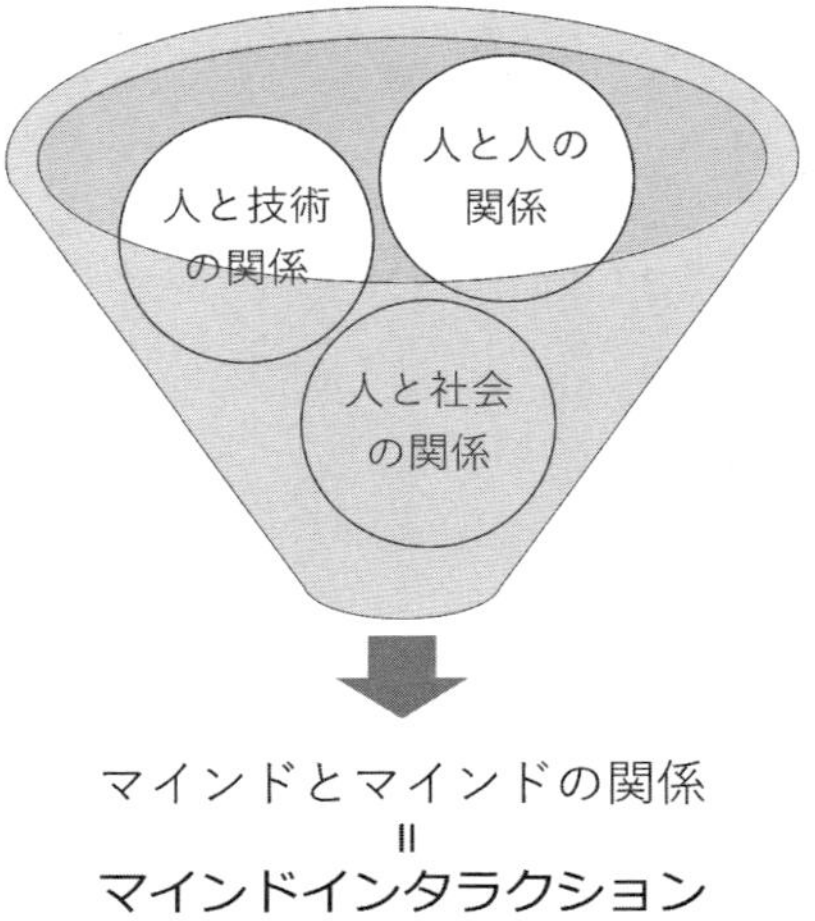

図 1.3　マインドインタラクションのコンセプト

マインドインタラクションから広がる新たな視点

このように現代社会における様々な社会的問題、課題、家族や個人の問題を考えるときに、マインドインタラクションという新しいコンセプトを導入することで、見えてくること、気付くことが多いというのが本書の基本にあるアイデアです。また、筆者らの人と擬人化エージェント、ロボット間のインタラクションデザインを長い間研究してきた経験が、マインドインタラクションというコンセプト形成に大きな影響を与えていることは言うまでもありません。マインドインタラクションと既に説明したＨＡＩは多くの共通点を持ちます。

次の2章以降では、多様なテーマについて、研究事例を紹介しながら、筆者らなりの考察を加えていきますが、その全体を貫くキーコンセプトは「マインドインタラクション」です。そんな理系の堅そうなコンセプトが日常の現実問題に示唆を与えることなんてあるんだろうかと疑問に思われるかもしれませんが、読み進むにつれて意外と役に立つことがわかっていただけると思います。そして、そのギャップと意外性を楽しんでいただければなによりです。

マインドインタラクションの予備知識

さて、マインドインタラクションについては、関連する研究分野について簡単な予備知識があったほうが理解が進むと考えられます。マインドインタラクションは、ＨＡＩ、人工知能、ロボティクス、ユーザインタフェースなどの理工学系の研究分野から始まり、認知科学、社会心理学、心理学などの社会科学系の研究分野までに至る分野横断的な背景をもつコンセプトです。よって、広く浅く各分野について最もマインドインタラクションに関連したコンセプトについてイメージをつかんでいただくことは、マインドインタラクションとそのケーススタディの理解に役立つでしょう。

こうした目的から、本章における次節1-3以降では、次にリストアップしたようなマインドインタラクションの予備知識について簡潔に触れていきます。実際は、興味あるところだけ読んでいただいても結構ですし、まどろこしい場合は全部読み飛ばしてもらってもなんとかなります。あるいは、逆にここだけ読んでも、各研究分野の注目すべきトピックがわかるようになっているつもりです。

- 1-3　HAIヒューマンエージェントインタラクション
- 1-4　人工知能AI――機械学習を中心に
- 1-5　擬人化
- 1-6　メディアの等式
- 1-7　エモーショナル・デザイン

「HAIヒューマンエージェントインタラクション」については、既に何度か触れていますが、マインドインタラクションの基盤となる研究分野です。HAIが目指しているもの、具体的な研究テーマについて紹介します。続く「人工知能AI――機械学習を中心に」では、現在とても細分化が進んでいて全体を把握することは難しいため、機械学習にどんなものがあるのかを中心に紹介しています。また、「擬人化」は、特にマインドインタラクションやＨＡＩの最重要概念です。ただし、確立された理論があるわけではない（これは、ＨＡＩ一般に言えることですが）ので、コンセプチュアルな説明に留めてあります。続く「メディアの等式」は、より心理学に近い研究分野、コンセプトです。メディアの等式とは、サブタイトルどおり、人は人工物に対して無意識的に対人的に振る舞ってしまう現象の発見です。最後に、「エモーショナル・デザイン」は、その後のユーザインタフェースＵＩ(user interface)からユーザエクスペリエンスＵＸ(user experience)へのパラダイムシフトを暗示する人工物のデザイン原理の提言です。

大学の人事

われわれの知る理工系大学の人事部は「使用者が，自己の組織が使用する人員について，採用・異動・昇進・解雇などを決定する権利」という意味での人事権を行使する場合は多くありません．言い換えると，本人の知らないところで人事異動が決定され，いきなり本人に告げられるということは聞いたことがありません．

では一体誰が大学教員の異動や採用，昇進を決定するのかというと，本人が教員募集に応募して選考委員会が決定する場合が多いわけです．たとえば，ある助教がある大学での准教授としての異動（昇進）を希望しているとします．そのような場合に，その助教の異動を人事部が決定するわけではありません．その助教の異動は，まず本人が公募に応募し，次にその異動先の大学教員からなる選考委員会が決定します．

最近は，私立，国公立を問わず大学の教員は，公募される場合が多いです．つまり，公に募集をして，そこに応募してきた者から選考して，教員として採用します．この公募は，具体的には，募集要項という文書を公開することで行われますが，実は公募にもいろいろなものがあります．公募と称してはいても，その「求人の条件」を見ると非常に詳細に書かれており，実質日本の研究者でその条件に該当する者は，数名あるいはほぼ一人しかいないという，お目当ての人を一本釣りするのと等しい出来レース的な場合もあります．このあたりの事情は，内部の人にしかわからないので，そのような公募の場合は人脈を利用して内部事情を聞き出したりします．

部下の昇進，異動に興味がない教授の下にいる教員は，研究業績を上げて，自分で必死に異動先を探すしかありません．現在，ポスドクを中心とした博士取得後の五～六年の研究者によるポスト争奪戦は熾烈なものになっていて，そのことがなかなか博士課程に学生が進学しない大きな原因となっています．

1–3 ＨＡＩヒューマンエージェントインタラクション

ヒューマンエージェントインタラクションＨＡＩ(human-agent interaction)[1]とは、既に触れたとおり、マインドインタラクションの多くの事象に関する知見や解釈の基本となる研究分野です。すでに情報工学系には、ヒューマンコンピュータインタラクションＨＣＩ(human-computer interaction)やヒューマンロボットインタラクションＨＲＩ(human-robot interaction)という研究分野がありました。これらのＨ○Ｉという書き方は、人間と○（＝コンピュータ、ロボット）の間の「インタラクションデザイン」を目的とする研究を意味します。ＨＡＩも同じように、人間とエージェント（Ａです）のインタラクションデザインを研究する分野です。「デザイン」は「設計（する）」1)という意味ですね。そして、「インタラクション」(interaction)とは前述のように「外見、コミュニケーション、表出、操作などの二つの対象の間でやり取りされるすべての情報」の意味です。そして、「インタラクションデザイン」とは、そのインタラクションを設計することを意味します。外見、コミュニケーション、表出、操作などの設計をすべて含むのですが、ユーザインタフェースの設計とほぼ同じような意味です。

さて、ＨＡＩのエージェントは、擬人化エージェント、ロボット、人間を指すので、その間のインタラクションの関係は、図１・４のようなベン図で表すことができます。この図で、

1) 【Q】あれ、普通「デザイン」っていうとファッションデザイン、つまり洋服のデザインだと思うけど。
【A】そうだね。でも、洋服のデザインもある意味、服の形状（シルエットや色など）を設計しているよね。あとクルマや家電の外見の設計は、「工業デザイン」と呼ばれたりする。要するに、モノやコトの外見や機能などの様々な特性を決定することを「デザイン」って呼ぶんだね。

I1、I2、I3の三つを見て下さい。それぞれが、人間‐擬人化エージェント(I1)、人間‐ロボット(I2)、人間‐人間(I3)[2]のインタラクションを表しています。この三つのインタラクション(I1)〜(I3)の共通点、特徴を考え、これらのインタラクションデザインの設計指針を探求することが、ＨＡＩの研究目的です。この「設計指針の探求」というのが、いかに実装するか、実現するかの方法論を求めるものであり、工学的指向が強くなっていると考えます。

ここで、図1・4を使ってＨＡＩ研究でよく使われる典型的アプローチをひとつ紹介しましょう。それは、図1・4の実際に人間と人間の間のインタラクション(I3)で起こる興味深い現象に注目して、人間の一人を擬人化エージェントかロボットに置き換えても同じ現象が観察されるかを調べるというアプローチです。つまり、人間‐人間の間I3で起こる現象が、人間‐擬人化エージェント間I1や人間―ロボット間I2でも観察されるかを調べるわけです。現象がＨＡＩだけではなく、ＨＲＩの研究でもよくこのようなアプローチが採られます。そして、もし同じ現象が観察されることになると、その現象に関しては、人間を擬人化エージェントかロボットで置き換えることができるわけですから、それによってＨＡＩの新しい応用領域が見つかることになります。

さて、実際の研究テーマは、様々なものが考えられますし、現在でもテーマは拡張を続けていますが、ＨＡＩの研究テーマの例を以降に挙げてみます。

2)【Q】この三つ目(I3)の「人間‐人間」間のインタラクションデザインって、人間関係の構築みたいなもの？
【A】そうだね。でもそれだと、抽象的な組織論みたいになっちゃうので、ＨＡＩでは「エージェントやコンピュータを介した人間‐人間のインタラクションデザイン」に限定しているんだ。なので、ＣＳＣＷ（Computer-Supported Cooperative Work、人間の共同作業をコンピューターで支援すること）と呼ばれる研究分野に近いね。

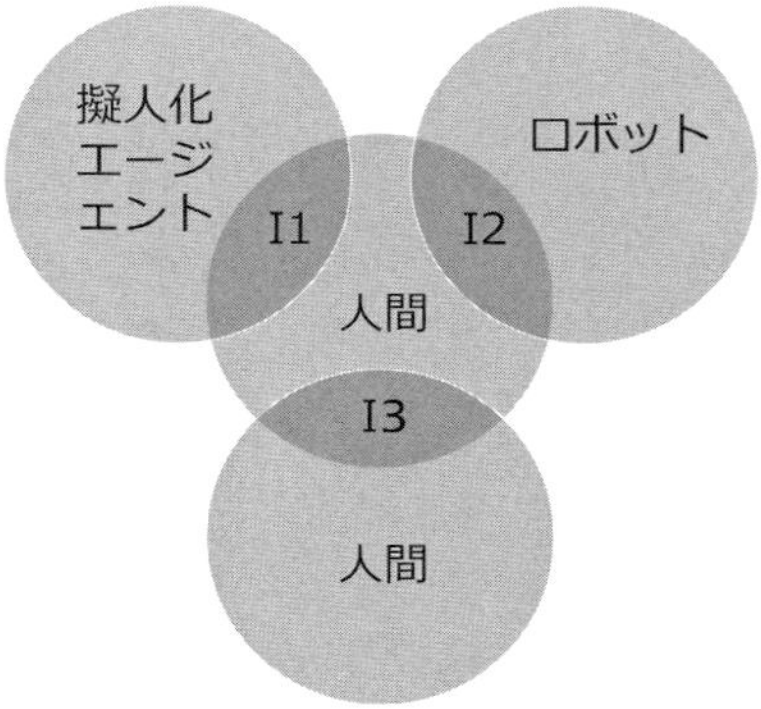

図 1.4　三つのエージェント間の HAI

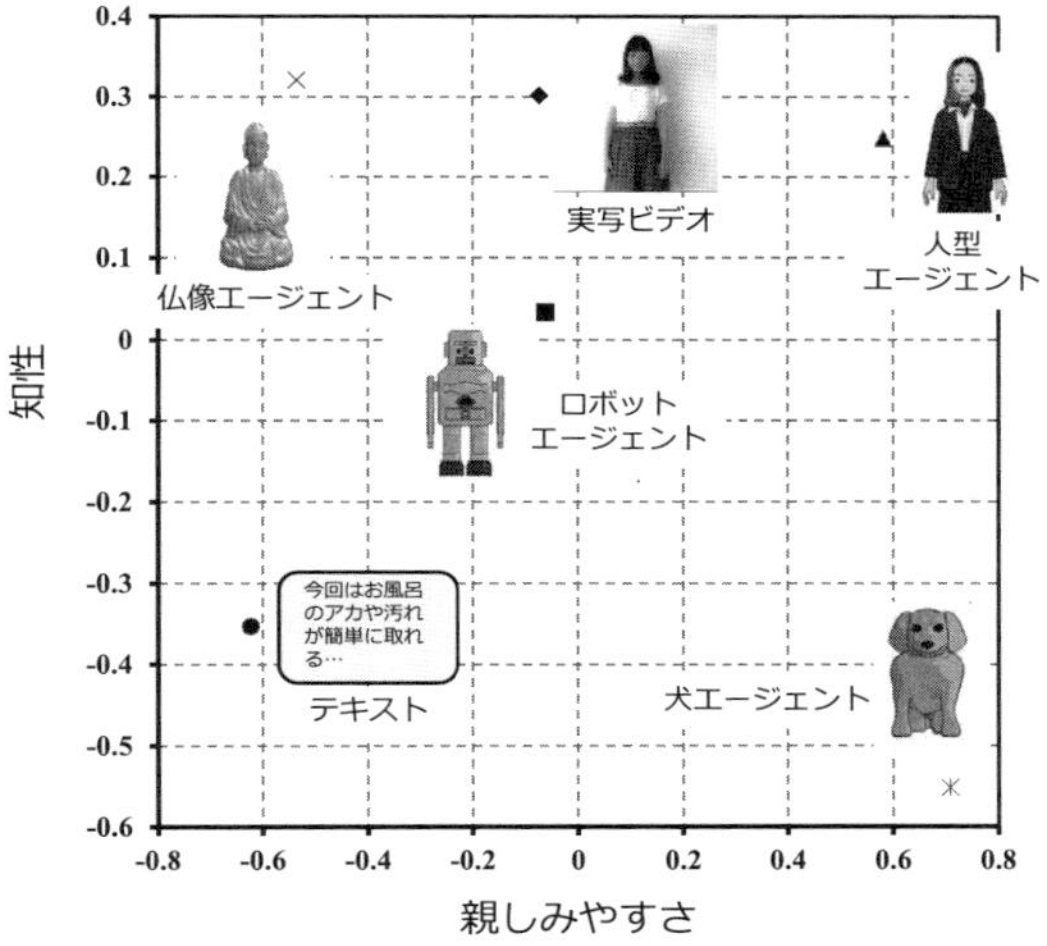

図 1.5　知性-親しみやすさの 2 次元空間 [2]

エージェントの外見のデザイン

擬人化エージェントやロボットの外見をどのようにデザインすべきかはとても重要な問題です。そして、一般的な設計指針を示すことが難しい問題でもあります。そもそもデザインに統一理論のような原理は考えにくいのではないでしょうか。エージェントの外見、特に擬人化エージェントの外見はCGで描かれるので、非常に自由度が高いわけです。つまり、人間のような外見でもいいですし、動物、ロボット、自動車、文房具みたいなものなどどうとでも描けることになります。この高い自由度が災いし、かえって適切な外見の選択を難しくしています。これまで、いろいろなタスクや領域で、それに適したエージェントの外見が調べられてきていますが、まだ一般的な設計論は見当たらないようです。

たとえば、著者の山田らが行った研究[2]では、オンラインショッピングで商品推薦を行う擬人化エージェントでは、若い女性の外見が有効という結果が得られています。図1・5に得られた結果を示します。アンケート結果を潜在的な変数で説明するために因子分析（factor analysis）[3]を適用した結果、「親しみやすさ」と「知性」という2軸が抽出され、そこに外見の違うエージェント「人型エージェント」、「（若い女性の）実写ビデオ」、「犬エージェント」、「ロボットエージェント」、「仏像エージェント」、「テキスト」を表示しています。この研究で、ユーザの購買意欲向上にとって一番有効だったのは、若い女性の外見の「人型エージェント」ですが、2番目に有効だったのは「犬エージェント」でした。図では、右上に行くほど有

【Q】[3] 因子分析って何なのかな？
【A】観測された変数（例、アンケート項目への回答）が、どのような潜在的な変数（観測されない変数、複数のアンケート項目の組み合わせからなる変数）から影響を受けているかを探る手法。

効となっています。現状ユーザインタフェースでよく使われている擬人化エージェントの外見は「若い女性」なので、結果として「人型エージェント」が1番というのは想像できましたが、「犬エージェント」が2番である、「仏像エージェント」が単なる「テキスト」よりも効果がなく最悪である、「実写ビデオ」よりもアニメーションのほうがいい、というのは驚きでした。ここから得られる商品推薦エージェントの外見デザインに関する指針は、次のようになります。

- 一般には、文章だけよりは、擬人化エージェントを表示した方が購買意欲を高める効果がある。ただし、親しみにくい外見（たとえば、仏像）では逆効果もあり得る。
- 擬人化エージェントの外見デザインでは、「親しみやすさ」と「知性」に気をつけるべきである。特に、「親しみやすさ」が重要である。
- よく「若い女性」の外見が使われるが、それにはそれなりの理由がありそうだ。
- 同じ外見なら、実写よりも抽象度の高いアニメーションのほうが効果がある。

ただし、これらの実験結果は、今回の実験設定（タスク、実際の外見のタッチや特徴）に依存しており、どこまで一般化できるかは議論のあるところです。適切な擬人化エージェントの適切な外見を調べる研究では、あらゆる種類の外見を調べる実験を行うことは、現実的には無理です。[4)]よって、いかに調査対象のエージェントをうまく絞り込むかが重要になります。この点については、この研究[2]では、Grayのエージェント認識次元（図1・6）[3]を参考にし

4) 【Q】たくさんの外見の違うエージェントを用意して、たくさんの参加者に手伝ってもらって実験すれば、できるんじゃないの?
【A】そう簡単じゃないんだよ。あらゆる種類の外見がどんな外見がいくつ必要なのかわからないという根本的な問題がある。また、参加者実験にかかる時間的、予算的コストが問題になるんだ。

て[5]、少数の典型的なエージェントを設定しています。

一方、ロボットのほうは物理的な身体で外見を形成するので、当然ながら技術的な制約があり、擬人化エージェントに比べると外見のバリエーションは少ないと考えられます。とはいっても、いかにもメカっぽい、機械っぽい外見の移動ロボットやマニピュレータから、ヒト型のヒューマノイドロボット、そして人間や動物そっくりな外見をもつアンドロイド、動物ロボットまでの様々なバリエーションを持ちます。参加者実験のために、さまざまな外形をもつ実機ロボットを作成することは現実的ではないですし、CGで代用する方法によって得られた結果が実機でも成り立つのかという本質的な問題があります。

エージェントの表出のデザイン

エージェントは人間に対して様々な情報を伝達します。たとえば、商品推薦エージェントは商品を売り込む説明文を表示したり、音声で読み上げたりしますし、お掃除ロボットはバッテリー低下やゴミ詰まりをユーザに伝達します。では、このような伝達情報（HAIでは、認知科学的な「表出 (expression)」という用語を使います）には、どのような表現が適しているのでしょうか。これもHAIの重要な課題です。もちろん、擬人化エージェントとロボットの場合で表現が違うでしょうし、タスクや環境によっては音というモダリティ[6] (modality) が使えない場合もあるでしょう。

5)【Q】この図1・6は何か楽しそうだけど、よくわからないや。【A】この図は有名なんだけど、人間がエージェントをぱっと見たときに、頭の中でどのような基準で認識しているのかを表してるんだ。横軸がエージェンシー（人らしさ）、縦軸がエクスペリエンス（経験、知性）で、そこにカエルや胎児や猿や犬やロボットなどの様々なものが書かれている。

6)【Q】「モダリティ」って何なの？【A】これは、説明が難しいね。工学における辞書的意味は、「五感や感覚に働きかける情報伝達手段」となるかな。音声モダリティ、視覚モダリティ、触覚モダリティという使い方、また複数のモダリティを利用することをマルチモーダルというね。何となくわかるかな？

わたしたち人間の例を考えてみると、よく使う表出の一つに顔表情(facial expression)があります（図1・7）。人間にとって自分の気持ちや感情を顔に表すこと、また顔表情から相手の気持ちや感情を推定することは、ごく日常的に行われていることです。ですから、外見として顔をもっているエージェントにとって感情伝達に有効な表出の一つは、人間と同じような顔表情であるという仮説が成り立ちます。しかし、繊細な顔表情をCGで作ること、ましてやロボットで物理的に作ることは容易ではないため、人工物であるエージェントに適した表出も研究されています。人間の些細な表出と似たような機能を人工物上のシンプルな表出で実現するASE(artificial subtle expressions)[4]などがそのような方向性をもつ研究の一例です。

学習するエージェント

HAIのインタラクションデザインの研究テーマには、人間-エージェント間のインタラクション研究だけでなく、より良いHAIを実現するためにエージェント自体がもつべきである機能も含まれると筆者らは考えています。そのようなエージェントの機能の一つが、機械学習です。機械学習については、人工知能AIの節（1-4）で述べますが、要するにAIエージェントが経験により賢くなっていくことを意味します。特に、HAIでは人間が教師役となる「教師あり分類学習」や「強化学習」が重要になり、エージェントが学習することで、人間に飽きられないエージェント、人間に信頼されるエージェントの実現が可能になると考えられま

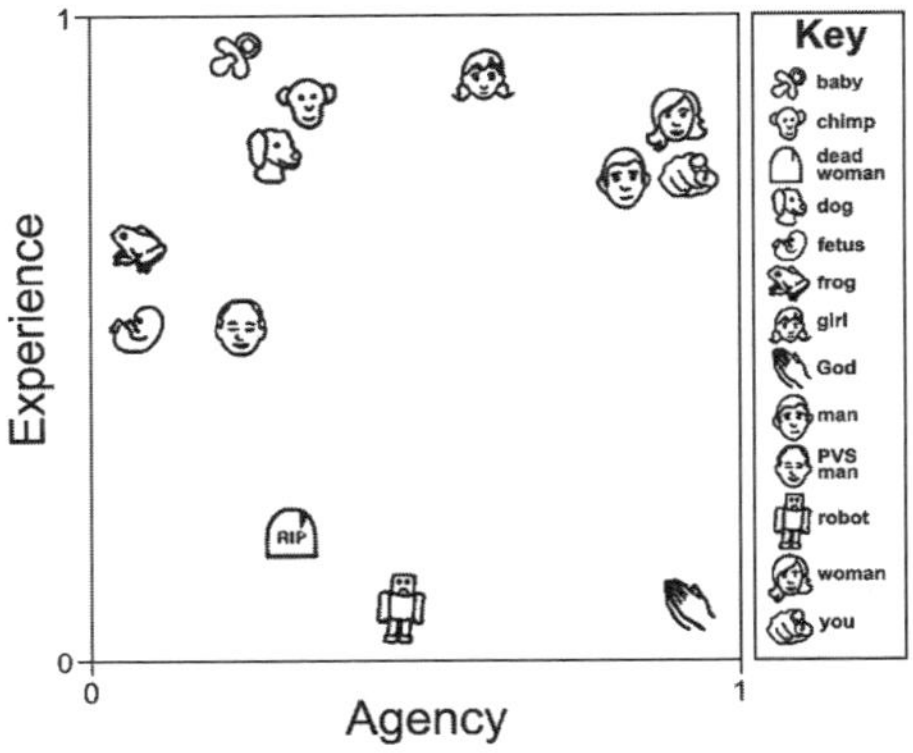

図 1.6　エージェント認識の 2 次元空間 [3]

図 1.7　顔表情の例
引用　V.Nitsch, M. Popp: Emotions in robot psychology, *Biological Cybernetics.*, 108, 621–629 (2014)

す。

人間、特にエンドユーザが教師役になることは、人間からのちょっとしたアドバイスや教示からでも学習できることが、エージェントの学習に必要な条件となります。通常、機械学習、特に昨今主流の統計的機械学習やディープラーニングには、大量の訓練データが必要なので、これらの機械学習とは違った方向の「少ない訓練データからの機械学習」が必要となります。そして、このような機械学習の研究はＡＩ研究の世界でも、まだ始まったばかりですが[5]、今後ますます重要になっていくと考えられます。

どのようなエージェントがよいのか――身体の必要性

エージェントは、擬人化エージェント、ロボット、そして人間そのものを意味すると言いましたが、どのようなタスクや領域で、擬人化エージェントとロボットのどちらを利用するのがよいのか、あるいはどちらでもよいのかを調べることは、ＨＡＩの重要な研究テーマです。ロボットを使ったＨＡＩの多くは擬人化エージェントでも低コストで実現できるので、本当にロボットを使う費用対効果的な利点があるのかが問題になります。本来、人間-ロボットのインタラクションを扱うのはヒューマンロボットインタラクションＨＲＩですが、ＨＲＩはもともとロボット屋[7)]が研究している場合が多く、ロボット屋にとっては、ロボットを使うことは疑いようもない前提、つまり公理であり、このような問題意識は持ちにくいようです。ＨＡＩの研

7)【Q】「ロボット屋」って、ロボット研究者のことなの？
【A】そのとおり。数学屋、物理屋、ＡＩ屋、物性屋とか、ある種の親しみとほんの少しだけ嘲笑もこめてそういう呼び方をする場合がよくあるね。研究者同士だけに許される呼称かもしれないね（笑）。

究者は、擬人化エージェントとロボットを中立的に見ることができる（言い方を換えると、どちらにも強い思い入れがない）ので、どのエージェントがいいのかという研究テーマが自然と生まれてきます。

博物館などの物理世界で人間を誘導するエージェントのように、明らかにロボットでしかできないタスクもありますが、最近流行っているスマートスピーカのタスクである情報通知や検索結果の報告などタブレットＰＣやスマホ上に現れる擬人化エージェントでも可能な、あるいはその方が望ましいタスクも多いと思います。ＨＡＩの応用の観点からも、擬人化エージェントとロボットのいずれのエージェントが適切なのかの判断に何らかの指針を与えられるようなＨＡＩ研究の進展が期待されます。

以上、簡単ではありますが、ＨＡＩの全体像を見てきました。なんとなく目指しているところを感じていただけたかと思います。これから、人工知能ＡＩの社会への導入がますます進んでいくと、そのＡＩは外見を持つべきか、持つとするとどのような外見がよいのか、という問題が様々な分野で生じてくることでしょう。そして、その問題に真正面から取り組んでいる研究分野が、ＨＡＩなのです。

参考文献

[1] 山田誠二（監著),『人とロボットの〈間〉をデザインする』, 東京電機大学出版局 (2007)

[2] 梁静, 山田誠二, 寺田和憲,「オンラインショッピングにおける商品推薦エージェントの外見とユーザの購買意欲との関係」,『ヒューマンインタフェース学会論文誌』, 17(3), 307-315 (2015)

[3] Gray, H. M., Gray, K. and Wegner, D. M., Dimensions of mind perception, *Science*, 315(5812), 619 (2007)

[4] 小松孝徳、小林一樹, 山田誠二, 船越孝太郎, 中野幹生,「確信度表出における人間らしい表現と Artificial Subtle Expressions との比較」,『人工知能学会論文誌』, 27(5), 263-270 (2012)

[5] Knox, W. B., Stone, P., Combining manual feedback with subsequent MDP reward signals for reinforcement learning, *Proceedings of the 9th International Conference on Autonomous Agents and Multiagent Systems (AAMAS 2010)*, 5-12 (2010)

1-4　人工知能ＡＩ――機械学習を中心に

ＡＩと言ってもいろんなＡＩがある

2010年頃から第3次ブームが始まった人工知能ＡＩ(Artificial intelligence)は、ＨＡＩの重要な基礎分野です。著者の山田は、記号ベース機械学習、プランニング、webインテリジェンス、リアクティブロボットを研究してきたＡＩ研究者ですし、今もＡＩの研究をしていると自負しています。[1] 今回の第3次ＡＩブームの特徴として、「人工知能＝機械学習（特に、ディープラーニング）」という図式が過度に強調されており、様々な誤解を生んでいます。[2] もちろん、機械学習自体は人工知能の重要な基礎技術には間違いありませんが、「機械学習だけが人工知能である」というような風潮は、ＡＩ研究の健全な発展の観点から望ましいものではありません。数多くある他のＡＩ研究分野に対して、研究者のみならず、ビジネスサイド、社会全体の関心がなくなってしまう危険があります。その結果、機械学習以外のＡＩの研究テーマに対する予算配分を始めとする様々な価値判断が影響を受けてしまいます。

第3次ＡＩブームはこのような状況ではありますが、ＡＩ全体としてはざっと見ても次のような研究分野が挙げられるほどに、その細分化が進んでいます。これらをすべて概観することは、本書の守備範囲をはるかに超えているため、ここではＨＡＩとの関連が深い機械学習に絞

1）【Q】人工知能学会の会長までなっておいて、なんだかはっきりしない物言いだね（笑）。【A】そうだね、従来からのスタンドアローンなＡＩの研究に嫌気がさして、ＨＡＩを始めたんだよね。そういう意味では、もう純粋なＡＩ研究者ではないのかもしれない。最近狙っている国際会議や論文誌も、ＡＩ純粋なものはあまりなく、インタラクション関係のものが多いしね。まあ、長らく続いたＡＩ冬の時代には多くのＡＩ研究者が関連する周辺分野に緊急避難したというのは事実だろうね。

って、ＡＩについて簡単に触れることにします。[3]

ＡＩの研究分野

知識表現、推論、論理、探索、最適化、自然言語処理、音声認識、音声合成、対話処理、機械学習、ニューラルネットワーク、マルチエージェントシステム、ファジィ、進化計算、プランニング、スケジューリング、最適化、制約充足、パターン認識、コンピュータビジョン、知的ユーザインタフェース、ロボティクス、知的教育システム、認知モデル、ユーザモデル、ＨＣＩ、ＨＲＩ、ＨＡＩ、…

機械学習とは

思いっきり簡単に言うと、機械学習 (machine learning) とは、「経験からある能力を向上させるＡＩの機能」です。ＡＩ自体がコンピュータプログラムなので、機械学習もコンピュータプログラムとして書かれます。ＡＩが備えるべき機能は、推論、探索、パターン認識、自然言語処理など種々様々ありますが、機械学習はそれらの多くの機能の基となるものです。では、この定義の「経験」そして「能力」とは何でしょうか。機械学習は、この「経験」と「能力」の中身によって様々な学習方法（「学習アルゴリズム」と呼ばれます）に分類されます。まず、

2) 【Q】そんなこと言っていいの？　ディープラーニング、シンギュラリティ、イケイケドンドンの人達に怒られるよ(汗)。
【A】うーん、だってちょっとひどいよね。研究者視点だと、機械学習はＡＩのごく一部だし、ニューラルネットワークは機械学習のごく一部だし、ディープラーニングはそのまたニューラルネットワークのごく一部に過ぎないのに、「ＡＩってディープラーニングのことなんでしょ！」って平気な顔して言う人がいたりする。しかも、一応ＡＩ研究者っぽい人がだよ。もうあきれちゃうよ。

3) 【Q】なーんだ、ディスっといて結局は機械学習なのかー。
【A】へへっ、まあ自然言語処理やロボティクスもＨＡＩに密接に関係するんだけど、筆者の趣味もあって、ここでは機械学習にさせてもらうよ。

経験に対してそれがいい経験だったのか、よくない経験だったのかという経験の評価が与えられる場合を「教師あり（supervised）」と言います。逆に、そのような評価がない場合を「教師なし（unsupervised）」と言います。言い換えると、正解が与えられる場合が教師あり、与えられない場合は教師なしと言ってもいいでしょう。[4] 一方、「能力」のほうは、大きく分けると、データを複数のカテゴリー（「クラス」と呼ばれます）に「分類」する能力、ロボットがある状態で最適な「行動」を選択できる能力に分けられます。よって、「能力の向上」とは、分類の精度が向上すること、行動の正しさが向上することを意味します。[5] このように経験と能力の種類によって、機械学習はたくさんの種類がありますが、ここではごく代表的なものを説明していきます[1][2][3][4]。

●**教師あり分類学習(supervised classification learning)**　正解クラスがわかっている訓練データが入力されて、それらからクラス分類を行う判別関数を自動的に生成する機械学習です（図1・8）。この機械学習が、一番よく研究されていて、また一番よく使われています。迷惑メールとそうでないメールを分類するスパムフィルタなどが典型的な応用例です。教師あり分類学習の研究は、将来入力されるデータに対する分類精度と既にあるデータに対する分類精度の両方を考慮して、総合的に性能の高い判別関数を高速に計算できるアルゴリズムを開発しています。典型例は、サポートベクターマシンＳＶＭ(support vector machine)と呼ばれる学習アルゴリズム（図1・9[6]）です。二つのクラスに属するデータの境界の中央に判別関数（図1・

4)【Q】この「正しいかどうか評価する教師」って、結局は人間なの？
【A】そのとおり。ほとんどの機械学習において教師は人間なんだよ。だって、ＡＩが教師になれるなら既に学習が終わっているわけで、新たに学習する必要がないからね。ついでに言うと、実はこの「教師＝人間」であることが機械学習を難しくしている。人間がいちいちデータに正解を与えなきゃいけないから、そのデータがたくさんある場合、人間にとって大きな負担になってしまうからね。

5)【Q】ちょっと難しくなってきたニャ。
【A】うーん、要するに機械学習によって、ＡＩがだんだんデータを正しく分類できるようになる（後述の「分類学習」）、ＡＩロボットがいろんな状況で正しい行動を実行するようになる（後述の「行動学習」）、って

9では直線）を引くのがよいことを数学的に証明し、かつその判別関数の高速な計算方法も与えています。また、実際に様々な分野で応用され成果をあげています。このような非常によい特長から、SVMはディープラーニングの出現以前はとてもよく利用され、研究されていました。また、応用領域によってはディープラーニングよりも高い性能があります[7]。

●**強化学習 (reinforcement learning)**　ある状況でどの行動を採れば、目標を効率よく達成できるのかを学習するのが強化学習です。最終的なゴールに着いたらわかるけど、達成までの途中では行動に評価（「報酬」と言います）が与えられないというのが特徴的な強化学習の問題です。ゴールが見えない状態でバスケットボールのシュートを練習するのに例えられます。たまたま、ゴールに入ったら、その時だけ、教師が「ゴールしたよ！」と教えてくれます。たまたまゴールに入るまでに多くのシュートが必要であるように、一般的に強化学習は多くの試行錯誤が必要となります。ロボットやエージェントが最適な行動を学習していくというのも典型的な強化学習の問題です。

●**ニューラルネットワーク (neural network)**　人間の脳の神経細胞ネットワークをモデル化して、そこで教師あり分類学習、教師なし学習、連想記憶（一部分のデータから全体のデータを復元する学習）などを実現する機械学習です。ディープラーニング (deep learning)[5]でよく使われるのは、並列局所的な処理をする畳み込み層とぼかしを行うプーリング層のペアをつないでいく構造です。学習アルゴリズムは、出力層から入力層に信号の流れとは逆向きに重みを

ことだね。

6)【Q】この図、ぜんぜん意味わからんなー。
【A】いま、2次元の訓練データ（黒丸と白丸の2クラス）を分類する判別関数（ここでは、直線）を学習するとする。このとき、グレーの領域を通る直線はいずれも左右に分類可能なわけだよね。この直線が判別関数になるんだ。実際のSVMは、カーネルトリックという訓練データを高次元空間に写像する方法で、非常に複雑な判別関数も学習できる点も特長だね。この説明だと、余計わかりにくくなったかな（汗）。

7)【Q】SVMをベタ褒めだけど、欠点はないのかな。
【A】うーん、実は認知科学屋と話すとSVMの欠点を指摘されるんだよ。認知科学者は、学習モデルに何らかの表現が獲得されていることを求めるんだ。ニューラルネットワークの学習

図 1.8　教師あり分類学習の概念図

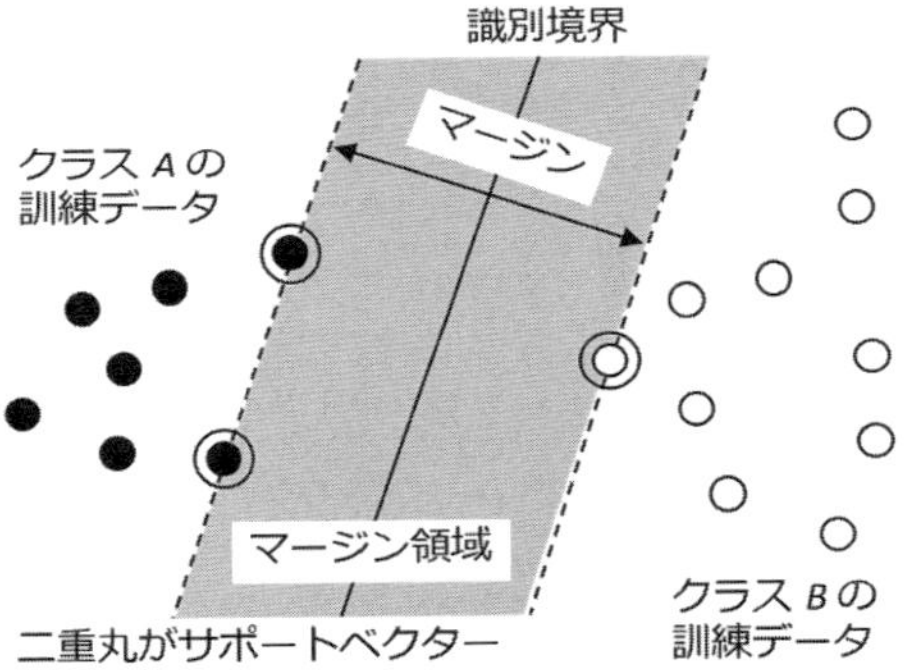

図 1.9　SVM の概念図

修正していく誤差逆伝播 (back propagation) を使います。脳の視覚野のモデルであるネオコグニトロンの構造をベースにしていることもあり、主に画像認識・画像識別の分野に応用されることが多いです。画像の特徴 (feature) が自動的に獲得できるとされますが、その学習された中身を理解することは難しいです。最近では、自然言語処理、画像キャプション生成などにも応用が進みつつあります。また、出力が入力に戻ってくるリカレントニューラルネットや生成ネットワークと識別ネットワークが共に学習していく敵対生成ネットワークＧＡＮ(generative adversarial nets) など、さまざまな構造のニューラルネットワークが研究されています。

●インタラクティブ機械学習 **(interactive machine learning)**　ＨＡＩの視点から筆者らが重要だと思っているのが、このインタラクティブ機械学習です。その基本となる考えは、機械学習において人間がやるべき、あるいは人間がやったほうが簡単であるタスクを明確にして、そのタスクは人間にやってもらうという人間-ＡＩ協調系としての機械学習アルゴリズムです[6]。この枠組みは、まさにＨＣＩとＡＩ（特に機械学習）の融合分野です。このあたりの背景は、ＨＡＩと近いものがあります。典型的な人間のタスクは、訓練データ生成のためのデータのラベル付け（データに正解を付けること）であり、そのタスクを人間が実行しやすいようなＵＩデザインが研究されています。人間とは隔離されたスタンドアローンＡＩの指向が強いＡＩ研究において、インタラクティブ機械学習は大変ユニークかつ重要なこれからのＡＩの方向性を示していると思います。

ではある種の抽象表現が獲得されている可能性が感じられる。そのため、表現学習と呼ばれたりするんだけど、ＳＶＭには獲得された表現がないと。この指摘には議論の余地があると思うけど、機械学習にもいろんな見方があるんだと考えさせられる。

● 決定木の学習 (decision tree learning)　決定木とは、中間ノードがデータの特徴に基づく質問事項で、葉ノードが分類クラスを表す木構造の分類器（クラシファイア）です。この決定木を教師あり機械学習アルゴリズムで学習するのが、決定木の学習です。ＩＤ３やＣ４・５というアルゴリズムが有名で広く使われています。これらのアルゴリズムの基本的な考えは、できるだけきれいに分類できる質問事項を優先的に使って、木の根ノードから木を展開していくというものです。その結果、重要な質問事項ほど根ノードに近いところに位置するようになります。

以上、いくつか機械学習アルゴリズムの香りだけを嗅いでいただきました。この他にも、極端に言うと論文の数だけ微妙に改良されたアルゴリズムは存在することになり、とても、個人、あるいはひょっとすると人間ではフォローしきれない状況です。

参考文献

[1]　馬場口登，山田誠二，『人工知能の基礎（第 2 版）』，オーム社 (2015)

[2]　荒木雅弘，『フリーソフトではじめる機械学習入門』，森北出版 (2014)

[3]　石井健一郎，前田英作，上田修功，村瀬洋，『わかりやすいパターン認識』，オーム社 (1998)

[4] 石井健一郎，上田修功，『続・わかりやすいパターン認識—教師なし学習入門』，オーム社 (2014)
[5] 人工知能学会（監修），『深層学習』，近代科学社 (2015)
[6] Amershi, S., Cakmak, M., Knox, W. B. and Kulesza, T., Power to the people: the role of humans in interactive machine learning, *AI Magazine*, 35(4), 105–120 (2014)

1-5　擬人化

擬人化とは

擬人化 (anthropomorphism) は、マインドインタラクション、HAIにとって最も重要な概念の一つです。言い換えると、人が作った非生物・非人間である人工物に対して人はいかに人間のように認識し、人間のように扱うか、あるいは扱ってしまうかという問題、つまり擬人化を研究することがHAIの重要な目的です[1][2]。また、擬人化により人間が人工物にも人間のような心があると感じなければ、人と人工物間でのマインドインタラクションが成り立ちません。HAIにおけるエージェントの定義は「エージェントとは、多くの人間が擬人化の対象とする人工物や自然物である」ことからもわかるように、「エージェント」自体の定義に「擬人化」が要件として入っています。

では、このときに擬人化と言っているのはどのようなことを意味するのでしょうか。簡単に言うと「対象を人間だと思って扱う（モデリングする）[1)]」ということになるでしょう。逆に工学としてエージェントを設計・実装することは、「人間が擬人化できる人工物」を作ることを意味します。人間や動物の外見に似せたようなぬいぐるみや人形はこの意味で、エージェントであり、そのようなぬいぐるみや人形を作ることは、エージェントを作ることと解釈できま

1）【Q】ややこしい言い方だなー。
【A】たとえば、「対象を人間だと思う」だとちょっと強すぎるよね。本当に人間だと思っている訳じゃないから、「人間だと思って扱う」ぐらいのほうがよさそうだ。あと、「人間だと思って扱う」と言うのは、結局「人間だと思ってモデリング」して対応するという意味になるじゃないか。ややこしくて、ごめんなさい。

す。

擬人化の効果

通常は擬人化が難しいような人工物、具体的には、自動車、家電、工作機械のような、擬人化されやすい外見を持たない人工物やソフトウェア、ネット上のサービスなどのようにそもそもいかなる物理的外見[2)]も持っていない人工物が数多く存在します。これらを工学的に擬人化することで、様々な効果を期待できます。このような擬人化の効果もまだ研究されている段階ですが、人間が人工物に対して擬人化することによる良い効果、良くない効果として、次のようなものが挙げられるでしょう。

●人工物を大切に扱うようになる　普通、家電やスマホなどのアプライアンス（電化製品や情報機器、コンピュータ）を人間のようには扱いませんよね。でもそれらがもし人間のように扱うようになったとしたら、大抵の場合は、人間のように大事に扱うようになると考えられます。たとえば、気分（マインド）を損ねないように対応する、怒鳴ったりひっぱたいたりしない、丁寧に話しかけるなどです。この効果は上手く利用できれば、ユーザが人工物を長く大切に使い続けるようにすることが実現できます。1-1節で触れたテイ事件においても、この効果が論点になったと思います。つまり、テイは外見からも擬人化されやすいのですが、自分たちと同じ人格をもった人間として、大切に扱われるほどは擬人化が十分ではなかったという解

2)
【Q】「物理的外見」って、人の外見とは違うの?
【A】同じだよ。人とか動物とか湯飲みとかボールペンとかの見た目のこと。これらは、物理的なモノだよね。それに対して、CGキャラクターなんかは物理的なモノというよりは仮想的な外見をもっていると言える。

釈が可能でしょう。

●人工物が人間並の能力を期待される　これはプラス面もありますが、現状のＡＩの状況ではマイナス面が多いと思います。最初のコンタクト時に強く擬人化され人間並の能力を期待された場合は、その後期待外れになることが予想されるので、上手くいかない場合がほとんどです。逆に、もしその期待に応えられれば、人間同士のような強い信頼関係を構築できると思われます。しかし、残念ながら擬人化された人間の能力レベルに相当する、あるいはそのレベルを超えるＡＩはまだ存在しないので、この状況は考えにくいです。これができれば、究極のＡＩ、それこそシンギュラリティがほぼ実現されることになるでしょう。[3)]ＨＡＩでは、エージェントやロボットの外見の設計にとても気を遣います。それは、擬人化をモデル化してその性質を解明することで[2]、外見などの擬人化に影響しそうな属性をデザインして、擬人化をコントロールすることを目指します。

●人工物がペットの代わりに　これもなかなか実現は難しくはありますが、２０１８年に再発売されたソニーのAIBOはこの効果を実現しています。これは、擬人化というよりは、擬動物化というべきでしょう。われわれは、擬人化よりも擬動物化のほうがモデル化が難しいのではないかと思います。擬人化プロセスを記述するには、ある程度ロジックが使えるように思いますが、擬動物化プロセスの場合はより無意識的な暗黙知が必要であるように感じています。おそらくAIBOなどのペットロボットの開発、デザインにおいては、無意識にあるいは非明

3）
【Ｑ】あいかわらず、シンギュラリティをディスってるね。

【Ａ】どうしてもそうなるね。見方を変えると、シンギュラリティ、特に「ＡＩが意識や意思をもつ」という感じ方は、ＡＩを（ある意味過度に）擬人化しているから成り立つとも言えるよね。

示的に人間の擬動物化プロセスを取り入れているはずですが、そのプロセスを解明する方向へはビジネスの世界ではドライブがかからないので、アカデミアでやるしかないでしょう。

●人工物を人のように愛する　この効果は、既に無意識的にさまざまなビジネスで取り入れられていると思います。古くは、人形の類い、新しくは、ロボットやいわゆる2Dのキャラクター、最近だと戦車や戦艦を擬人化したソフトなどが特に日本では広く受け入れられています。すでにボーカロイドなどで実現されていますが、今後ますます2Dだけでなくホログラム的な3Dのキャラクター作りへと進んでいくことでしょう。2Dの場合、ある意味3Dの実世界からの逃避という解釈が容易ですが、3Dでさらにリアルな外見となると現実逃避とも言いにくくなるようにも思います。日本という固有性も盛り込んだ上で、今後さらに学術的な研究が必要な分野だと考えられます。なお、次節1-6で説明する「メディアの等式」は、簡単に言うと「人は無意識のうちにコンピュータを擬人化する」ということを初めて示した研究です。その意味で、「メディアの等式」と擬人化は密接な関係があります。人間にとって対象のコンピュータや人工物を擬人化するということは避けられない、無意識に起こってしまうことであるという一般化をしていると解釈できます。よって、擬人化は文化にある程度依存するかも知れませんが、あらゆる人間に広く起こりうる精神現象であると言えます。[4)]

【Q】[4)]「艦隊これくしょん―艦これ―」とか見てると、日本人は特に擬人化傾向が強いように思うんだけど。

【A】確かにね。古来、自然物に対しては八百万の神の国だからね。人工物に対してはよくわからないけど。ちなみに、萌え現象と家電との関係は、文献[3]が参考になるよ。

参考文献

[1]　大澤博隆,「人工知能はどのように擬人化されるべきなのか？—人の擬人化傾向に関わる知見と応用」,『人工知能』, 29(2), 182–189 (2914)

[2]　Epley, N., Waytz, A. B., Cacioppo, J. T., On seeing human: a three-factor theory of anthropomorphism, *Psychological Review*, 114(4), 864–886 (2007)

[3]　大和田茂,『萌え家電 家電が家族になる日』, ディスカヴァー・トゥエンティワン (2015)

1-6　メディアの等式

メディアの等式とは？

人と人工物の関係を考えるうえで、とても興味深い研究を紹介しましょう。それは「メディアの等式（media equation）」[1]と呼ばれるものであり、この研究成果をまとめた原著が出版された当時（1996年）、日本のインタフェースやインタラクションの研究者はこぞってこの本を読んだり、研究会で話題にしていたのを覚えています。[1)]

「メディアの等式」の研究のエッセンスは、「人は無意識のうちにメディア（コンピュータ）を人間扱いする」ということです。たとえば、人は他人に対して面と向かって否定的なことは言いづらいですよね？　仕事や勉強の成績が悪くても、直接その人に「あなたの成績はダメですね」とは言いづらいものです。人はこのような社会的反応をコンピュータに対しても行ってしまうことが明らかとなったのです。

われわれが知覚している世界とは？

まずは、彼らが行った心理実験の結果をみてみましょう。たとえば、コンピュータAが自分自身のことをユーザにたずねた場合、ユーザは他のコンピュータBがコンピュータAのことを

1）
【Q】「メディアの等式（media equation）」っていいネーミングだね。誰が思い付いたのかな？

【A】そうそう。概念をうまく説明していて、まさに言い得て妙だね。聞くところによると、公募で決まったようで、発案者は賞金をもらったようだよ。アルゴリズムの命名もそうだけど、研究者にはコピーライターの資質も必要だね。

たずねた場合よりも、よりポジティブな答えを返すということがわかったのです。これは、人間だとよくある現象です。ある人があなたに「自分のことをどう思うか」と質問した場合、本人に対してあまりネガティブなことは言いにくいですよね。つまり、人が他人に対して行う社会的反応をコンピュータという人工物にも「無意識のうちに」行っていたのです。これは「礼儀正しさ」という人工物に対する人の社会的反応の特徴を表しています。

「メディアの等式」では他にも、人はいつの間にかメディアを性格付けてしまったり（「インタフェースの性格」）、メディアに付いている「ラベル」で能力を判断したり（「専門家たち」）、メディアに対しても性差に基づき反応したり（「ジェンダー」）してしまうのです。日常生活であなたもつい人工物に話しかけたり、それが故障したときは「機嫌が悪いのかな？」と思ったりしたことはありませんか？　もしあったとすれば、それが「メディアの等式」なのです。

このように、「メディアの等式」は人間の認知機能のかなり本質的なことを表しているように思います。じつはわれわれ人間の考え方や行動の基礎にはつねに、「人と人のインタラクション」の様式が深く刻み込まれていて、逆に言うとそこから逃れることはできないのではないでしょうか？　学問の世界においても、数学や論理学は抽象度の高い内容を扱いますが、彼らも研究対象の原理を擬人化し、想像力をはたらかせて対象物の世界に入り込み、それらと「友だち」になることさえできたと言われています[2]。難しい数学の理論を考えている数学者が、実は思考の対象の数式を擬人化しているなんて、ちょっと微笑ましいですね。

逆に言うと、人と人工物のインタラクションを観察することで、その人が持つ「人と人のインタラクション」の様式を垣間見ることができるかもしれません。とても優しい人だと思っていたけれど、メディアにあんなに厳しく当たるとは、もしかして他人に対しても同様の態度を取るのかな、と推論することができるかもしれませんね。

「メディアの等式」の限界

これまで人と人の関係を研究対象としてきた社会心理学などの知見を人とメディアの関係にあてはめてみることは面白い視点だと思います。ただ、過度の適用は誤ったインタクラクションへと導くきっかけともなります。たとえば、メディアに付いている「ラベル」でその能力や信頼性を推し量ることは、あとで失望や誤解を生むきっかけともなりえます。「メディアの等式」で取り上げられている事例としては、テレビに「CNN」とラベルを貼っておくだけで聴取者は放送内容を真実だと思い込む一方、同じ放送内容でもあるローカル放送局の名前をラベルとして貼っておくとそれを信じなくなる傾向があるようです。これは外見に影響されて、内容について考えなくなるという悪い傾向を導くことになります。

さらに、わたしたちは何もないところに何か理由づけを行ってしまいがちです。たとえば、バスケットボールの選手が2本連続してシュートを決めると「波に乗っている」と考えたり、バスを長時間待っていると、行き先と逆方向のバスばかり多く来ると感じてしまいます[3]。しかし実際には、バスケットの選手がシュートを決めるかどうかは、その前のシュートの成否とは関係がなく、また逆向きのバスばかり来ると感じてしまうのは、乗りたい方向のバスの台数を観測することはないため（自分の行きたい方向のバスが来れば、すぐにそれに乗ってしまうので）なのです。よって、わたしたちの日常生活でも、自分の判断や知覚について、少し冷静に振り返ることも重要かも知れません。

参考文献

[1] バイロン・リーブズ，クリフォード・ナス著，細馬宏通訳，『人はなぜコンピューターを人間として扱うか「メディアの等式」の心理学』，翔泳社 (2001)

[2] バーバラ・オークリー著，沼尻由起子訳，『直感力を高める数学脳のつくりかた』，河出書房新社 (2016)

[3] トーマス・ギロビッチ著，守秀子訳，『人間この信じやすきもの―迷信・誤信はどうして生まれるか』，新曜社 (1993)

1-7 エモーショナル・デザイン

感動を与えるデザイン

人と人工物（モノ）のインタラクションを考えるとき、当然、モノをいかにデザインするかという問題に突き当たります。あるデザイナーは、モノは使いやすさこそ第一なので、その実用性を重視してデザインをすればよいと考えます。しかし、認知心理学者であるドナルド・ノーマンは「感動を与えるエモーショナルなデザインこそが重要である」と主張しています。具体的には、彼は著書『エモーショナル・デザイン』[1]において、情動の豊かさ、それがもたらす質感、多彩な表現力、価値観などを人工物のデザインに取り込むべきだと主張していますⁱ⁾。

たとえば、図1・10を見てください。もしあなたが初めてこれを見たとしたら、毎日使っている、あの味気ない茶こしと比べて、思わずにっこりしてしまうのではないでしょうか。人と接するモノがすべてこのように愛らしい、情感を呼び覚ますようなものであれば、わたしたちの人生ももっと楽しいものとなるのではないでしょうか。

ノーマンは著書の中で、モノをデザインする際には人間の認知と情動を科学的に理解することが重要だと述べています。そして、それらのモノが人に与える「感動」が重要なのだと主張

1) 【Q】ノーマン先生は最初から「エモーショナル・デザイン」が重要だと考えていたのかな？
【A】いやいや。実は、ノーマン先生も以前は製品は使いやすさが第一で、使いにくいのは人間のせいではなく、デザインが悪いからだと主張してたんだよ[2]。でも、それだけではデザインやインタフェースの問題は解決しなかったんだろうね。その解決策として、『エモーショナル・デザイン』が執筆された。このあたりの経緯は、従来のAIやインタフェースが解決できなかった問題にアタックしているHAIの立場と近いものがあるね。

しています。つまり、われわれの身近にある道具や機器が、見るたび、使うたびに笑わせてくれたり、不満を訴えてくれたりしたら、生活はとても豊かになると考え、まずはその際の人間のメカニズムを解明することが重要だと主張しているのです。

このエモーショナル・デザインの考え方は、ユーザのココロを重視するマインドインタラクションの考え方に非常に近いものがあります。われわれが研究を進めてきたＨＡＩという研究分野もまさに、見るたび、使うたびに笑わせてくれたり、不満を訴えてくれたりする、あたかもココロをもっているような擬人化された人工物（エージェント）を作ることを目指してきました。このような人工物と生活をともにして、人工物とのマインドインタラクションをもつことで、生活が豊かになり、楽しい思い出を紡いでいくことができるのです。そう、人と人の関係や生活がそうであるように。[2)]

エモーショナル・デザインにおける脳のはたらき

それでは実際にノーマンが指摘する、モノをデザインする際に重要となる人間の認知や情動のはたらきについて見ていきましょう。ノーマンは、魅力的に感じるデザインとは何かを、人間の脳の働きにより、「本能」、「行動」、「内省」の三つの観点から分析し、それらがモノ作りを通じてデザインに反映されたとき、どのような効果や影響があるかについて検討しています。これら三つの脳機能をもう少し詳しく説明すると、(1)自動的で生来的な層であり「本能」

図 1.10　ピロヴァノのテオ茶こし [1]

【Q】2）どうして人と人は関係を築いていかないといけないの？
【A】それは本質的な問いだね。不満ばっかり言う人にはたしかにうんざりするけど、いなくなると淋しかったりするよね。独居老人になると、認知能力とともに生きる意欲も減退すると聞くしね。この質問の答えは、この本『マインドインタラクション』を読み終わる頃にわかるかな（笑）。

レベルと呼ばれるもの、(2)日常の行動を制御する脳の機能を含む部分で「行動」レベルと呼ばれるもの、そして、(3)脳の熟考する部分、すなわち「内省」レベルであるとしています。

さらにノーマンは、これら三つのレベルにそれぞれ別のデザインスタイルが必要であるとも主張しています。これらを単純化すると、以下のような対応関係となります。個人的には、これらの対応関係を考えるとき、特に脳の機能について言及する必要はないように思いますが。ただ、これら三つの観点から分析することで、たんなる使いやすさだけにとどまらないデザインの魅力についても言及することができるようになります。

(1) 本能的デザイン　モノの外観
(2) 行動的デザイン　モノの機能性、それを使うことの喜びとその効用
(3) 内省的デザイン　モノが想起させる自己イメージ、個人的満足感、想い出

まず本能的なデザインとは自然が進化の過程で作り上げるようなデザインです。たとえば、オス鳥の羽の見事な色彩はメスを惹きつけるために進化によって獲得したものでしょう。さらに、植物と動物の共進化も本能的なデザインの一つです。花は鳥や蜂にとって魅力あるものであり、彼らを通じて花粉はばらまかれるのです。さらに花は人間にとっても美しく、魅力的なものであり、それが植物にとっては種を広く散らばらせるのに好都合だったのです。このように、「きれい」、「かわいい」、「楽しい」と表現されるものは理由を付けて説明できるものではなく、本能的にデザインされていると考えるべきでしょう。

つぎに、行動的デザインは機能を第一に考えます。つまり、モノの使いやすさや分かりやすさ、さわりごこち（物理的な接触）が重要となるのです。これはわたしたちにとっても分かりやすいデザインです。家電を考えてみても、使いやすいテレビのリモコンもあれば、どこを押せばよいかわからない電気ポットがあり、持っただけで馴染むデザインのスマホもあります。

一方、内省的デザインは非常に主観的かつ多様で、カバーする領域がとても広くなります。たとえば、古い腕時計を例にあげてみても、それに対する個人的な思い出が影響したり、製品が伝えるメッセージが重要となったりと、個人的な趣味や嗜好、イメージや文化、その場の状況などにも影響を受けるとても繊細なものです。ひとつの方法論でこの内省的デザインを語ることは難しいでしょう。

マインドインタラクションの観点から

それでは、これまで述べてきたエモーショナル・デザインの考え方をマインドインタラクションの観点から考えてみましょう。

言うまでもなく、ここで取り上げた、「本能」、「行動」、「内省」の三つのレベルでデザインを考えることは、マインドインタラクションの考え方にとっても大変重要です。なぜなら、エージェントやロボットをデザインするとき、さらに人と人のコミュニケーションを考えるときにも三つのレベルで考えることがとても重要だからです。

実際にノーマンも『エモーショナル・デザイン』の第6章と第7章で、「情動を持つ機械」や「ロボットの未来」について議論しています。「本能」レベルと「行動」レベルのデザインについては従来のデザインの考え方でも説明ができると思いますが、「内省」レベルについては、単純に人とモノの関係で決まるものではないでしょう。

少しくり返しになりますが、ノーマンの「内省」的デザインに関する記述をそのまま抜き出してみましょう。「内省的デザインがカバーする領域は広い。メッセージ、文化、製品の意味やその使われ方までも関係してくる。そのモノのもつ意味、すなわち何かを連想させる個人的な想い出が問題であることもあれば、まったく違って、自己イメージや製品が伝えるメッセージが問題だったりもする。」（『エモーショナル・デザイン』[1] 110〜111ページ）いかがでしょうか？　内省的デザインには、文化的環境、個人的な記憶、他人のちょっとした発話のタイミングやその文脈など多くの要因が影響を与えあっていることがわかります。

あれ？　ノーマンが書いていることは、本書で何度も目にしませんでしたか？　そうなんです。「内省」的デザインで述べられていることはまさにマインドインタラクションで主張したいことの一部なのです！　個人的な思い出や自己イメージ、製品が伝えるイメージ、その場の状況や文脈なども考えながら、人と人工物、人と人の関係をデザインしていくのがまさにマインドインタラクションの目指すところなのです。本書の内容に興味を持った方は是非、『エモーショナル・デザイン』も手に取ってみてください。本書を読み終わってからですが。

参考文献

[1] ドナルド・A・ノーマン著，岡本明，安村通晃，伊賀聡一郎，上野晶子訳，『エモーショナル・デザイン――微笑を誘うモノたちのために』，新曜社 (2004)

[2] ドナルド・A・ノーマン著，野島久雄訳，『誰のためのデザイン？――認知科学者のデザイン原論』，新曜社 (1999)

理想的な研究環境

研究者にとって理想的な研究環境とはどのようなものだと思いますか？　一般の方々は，研究者は自分の好きなことだけを一日中することができてうらやましいとよくおっしゃいます．これは半分は当たっていて，半分は外れているようにわたし（小野）には思えます．わたしにとって理想的な研究環境だったのは，1997 年から 2001 年まで在籍した ATR（国際電気通信基礎技術研究所）だったように思います．上司や同僚にも恵まれたのだと思いますが，とても刺激的な 5 年間を過ごさせてもらいました．忘れえない，少し変わった方ともお知合いになりましたが（笑）．

先ほど書いた「研究者は自分の好きなことだけを一日中できる」のがまさに ATR だったように思います．自分が面白いと思うアイディアを社長や室長に自由に提案し，面白がっていただければ研究に GO サインがでるような雰囲気でした．毎週のように著名な海外の研究者がやってきて，トークをしてくれるのも大変刺激的でした．また，ATR に長期間勤務している研究者（いわゆるプロパー）はとても少なく（おそらく 10 パーセント未満？），多くの研究者は海外の大学や研究所，国内の会社や大学から派遣されて 2〜3 年在籍する客員研究員でした．このため，専門分野の異なる，さまざまな経歴を持った方々と自由な議論ができるのも魅力的でした．

さて，これらが「半分当たっている」ほうです．「半分外れている」方はどうでしょうか？　言うまでもなく，「好きなことだけ」をやって研究の資源を浪費していると，研究所でのポジションを失うことになります．このあたりも大変クリアで透明性があり，1 年ほど在籍していつの間にかいなくなった研究員もいました．その分，評価される業績（権威のある論文誌や国際会議に論文が採択される，メディアに大きく取り上げられる，大規模な研究予算を取得するなど）をあげると，こちらも「クリア」に給与に反映されることになります．わたしは幸運にも，1997 年に研究所で働き始めたときの月給は 30 万円ほどでしたが，2 年ほどで約 50 万円となりました．翌年に 70 万円になったときには，ちょっとびっくりしましたが（それでもボーナスなどの賞与がなかったので，年収にすると，いまの国立大学の准教授相当です）．新しい時代にふさわしい，あのような研究環境をいつか再現できればと思っています．

第2章

人とモノのマインドインタラクション

2-1 飽きないインタラクション

「飽きない」とは何だろう

人はすぐモノに飽きます。特に、子供はそうみたいです。そのモノを使うことが生活に欠かせないことであれば、飽きようが飽きまいが使い続けることになります。しかし、そうではないモノ、たとえば、純粋に遊びや楽しむためのモノであれば、飽きればすぐに使うのを止めてしまうでしょう。これは、モノだけに限らず、大変よくないことですが、ペット動物に対しても同じような傾向があります。筆者自身も、子供の頃、カエル、小鳥、魚などの様々な生き物を飼っては飽きて、世話をしなくなり、結局母親が世話をすることになった記憶があるのでよくわかります。

1999年に発売が開始されたソニーのペットロボットAIBO（図2・1）は、ペットロボットというまったく新しい市場を開拓した画期的な商品でした。日本のメーカーが新たに市場を開拓したオリジナリティの高い工業製品は多数ありますが、工業製品の範疇を超えた例はそんなにはないでしょう。発売当時、定価二十五万円という高額にも関わらず、最初のネット発売開始からわずか二十分で日本向け三千台の受注を締め切ったという逸話があるぐらいに熱狂的に受け入れられました。筆者も開封していない黒い個体も含めて、研究用に4台ほど所有していますが、非常に良くできた商品であり、このロボットが二十数万円とは安いのではないかと感じたものでした。

その後、AIBOを本物のペットのように扱う熱狂的なユーザにも支えられ、一種のブームになります。そして、生活必需品でないペットロボット、エンタテイメントロボットの宿命かも知れませんが、次第に飽きられていき、ついにはソニーの経営戦略の方向転換に伴い2005年に販売を終了してしまいます。その後は、元ソニーエンジニアの有志によりメインテナンスが行われたり、またAIBOのお葬式（図2・2）[1)]が執り行われたりしています。

ここで一つ指摘しておきたいのは、考えてみると人工物が「飽きられる」ことが問題になる状況は、代替手段が存在する状況、つまり先のAIBOのような場合に限定されるということです。そして、そのような状況はそれほど多くはないのです。ロボット関連では、ルンバなどの掃除ロボットが微妙な位置にいるのでしょう。掃除ロボットは必須ではありません。もともと掃除自体は人間がやっていたタスクであり、掃除ロボットがなくても、代替手段として掃除機や人がやれば済むことです。よって、「飽きられて」使われなくなる可能性があります。

飽きられないためにできること

では、飽きられないロボット、エージェントを作るにはどうすればいいのでしょうか。まず、「飽き」は、心理学では「心的飽和」と呼ばれ、「同じ行為を反復継続して実行した場合、

1)
【Q】へぇー、AIBOのお葬式ってあるの？
【A】あるみたいだね。服を着せたり、一緒に寝たり、機械にも関わらず、本物のペットのように扱ったユーザがたくさんいたみたい。このあたりは、エンジニアの想像を超えた現象だろうね。AIBOには本物の犬に比べて、散歩がいらない（というか、できない）、餌がいらない（というか、食べられない。充電は必要）などいい点もいろいろあったからね。

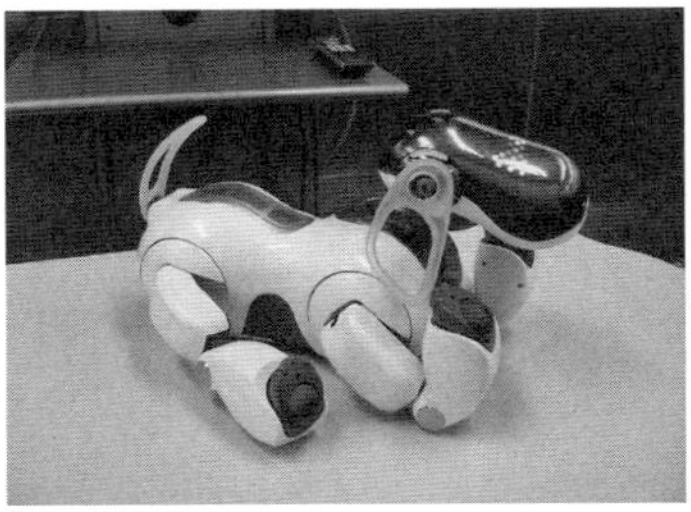

図 2.1　ソニーのエンタテインメントロボット AIBO

図 2.2　AIBO のお葬式
出典　AFPBB news（www.afpbb.com 2015/2/28）

継続の努力にもかかわらず、その行為を続けることができなくなる心的状態」と定義されています。もっと簡単に言うと、「同じことのくり返しで、もう嫌になった心理状態」です。ということは、嫌にならないようにすれば、「飽き」を避けられるわけです。HAIの対象としている、人-エージェント（ロボット）間インタラクションにおいて、この「嫌にならない」インタラクションとは、エージェントが同じ入力に対して、同じ反応を「繰り返さないこと」により実現できそうです。

このような考え方から、たとえば、同じ入力に対して時々違う反応を返すというエージェント側の行動選択[2]によって、飽きられないエージェントを作ろうという研究がされています。実際どのように「時々違う反応を返す」ことを実現するかですが、よく使われるのは、確率的に散らす方法とカオスを使う方法です[1][2]。確率的に散らす方法は、図2・3にあるような確率分布に従って、反応に利用する行動を決定することです。この確率分布は勝手にいろいろ決めればいいわけです。ただし、確率なので全ての行動の確率の合計を1にする、つまり必ずいずれかの行動が選択されるというルールがあります。一方、カオス[3]を利用することで、決定論的規則[3]をベースにしながらも、予測不可能な振る舞いを示すという性質を行動選択に利用できるでしょう。

ただし、ここでいくつか注意しなければいけないことがあります。まず、人間が見て何かいつもと違う反応だなと認識できる必要があることです。つまり、確率で言うと、確率0.001

【Q】2）「行動選択」って何なのかな?
【A】エージェントが次に実行すべき行動を決める方法のことだよ。ここでも説明しているけど、よく使われるのは、ベストな行動を必ず実行する方法、あと時々ベスト以外の行動も実行する方法があるね。

【Q】3）決定論的とは何ぞや?
【A】0.6というような確率的ではなく、あるかないか、起こるか起こらないかのどちらかに決まるということ。つまり、決定しているという意味で決定論的というんだ。

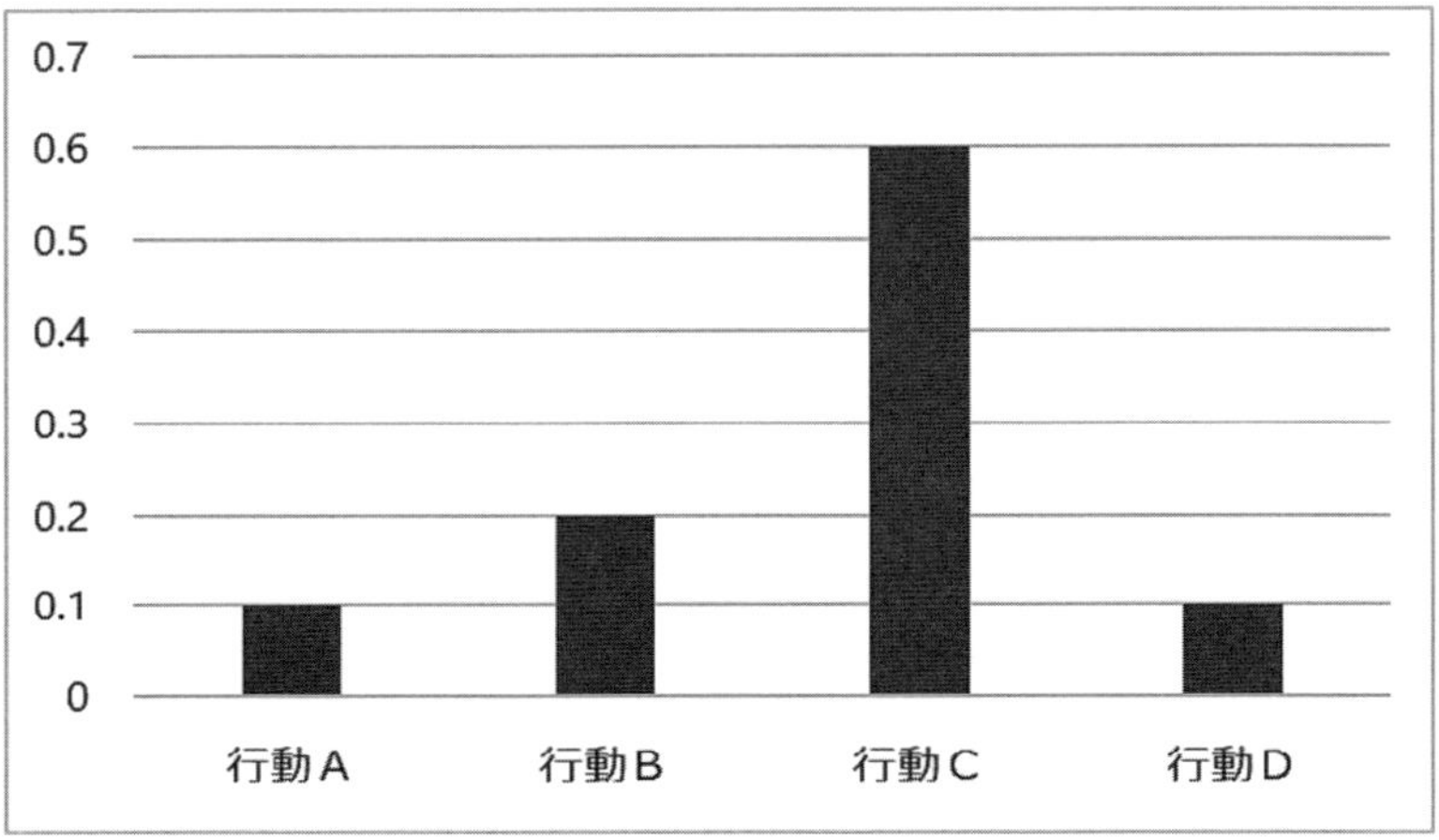

図 2.3　行動選択に使う確率分布（横軸：行動，縦軸：確率）

（つまり、千回に1回の確率）でいつもと違う行動をとっても、人間にはわかりませんから、もっと大きな確率にする必要があります。次に、時々起こるいつもと違う行動自体がはっきりと違っていることがわかるぐらいに異なった行動である必要もあります。たとえば、角度を少し変えただけの「腕を上げる」行動を使うのは意味がないでしょう。最後に、確率的に散らす場合の確率分布自体のばらつきが問題です。基本的に、ほとんどの場合は一定の反応を返し、時々違う反抗をするというほうが飽きないためにはいいようです。これは、ペット動物の気まぐれな行動と似ています。ランダムな行動では意外と意思があるように見えないことも影響しているでしょう。

「飽きないロボット・エージェント」は、HAIでも話題にはなりますが、そんなに活発に研究されているテーマではありません。おそらく、前述の適用範囲が広くないという理由、「飽き」を検証する参加者実験が時間がかかるために敬遠される（少なくとも、クラウドソーシング[4)]でのオンライン実験[5)]は難しそうです）などの理由があると思われます。

さて、このような視点で2015年に発売されたSoftbank Roboticsのヒューマノイドロボット「ペッパー」はどう評価されるでしょうか。ご覧になったり、会話をされた方もいらっしゃると思いますが[6)]、自然言語による短い会話機能（具体的には、音声認識、音声合成と簡単な対話処理）を備えているように見えます。また、人の音声から感情認識する機能、さらには感情生成する機能もあると謳っています。この感情／認識機能が、飽きに対してどれほどの効果

4）【Q】「クラウドソーシング」って、最近よく聞くけど何なの？
【A】インターネット上で、仕事を公募してやってもらうシステム。どこの誰だかわからない人にやってもらう場合が多い。また、仕事の難易度は、webサイトのデザインから簡単なアンケートまで様々だが、簡単で単価の安い仕事が多いかな。アマゾンメカニカルタークMTurkが有名。

5）【Q】「オンライン実験」って、どんな実験なの？
【A】参加者実験の一種で、webブラウザでできる実験のこと。webブラウザがあればスマホでもできるので、自宅はもちろん通勤中、喫茶店などどこでも実験ができる。

があるのかは正直わからないのですが、少なくともある種の内部状態（＝感情状態）をもっているると考えられます。その意味では、AIBOよりは飽きられないかもしれません。また、ペッパー自体が、単なるエンタテインメントロボットではなく、企業の実務への利用を指向している点は飽きる問題をうまく避けられる可能性があると言えます。

ただ、ロボット側から積極的に人間に発話する戦略を採っているので、これは諸刃の剣でしょう。つまり、すぐにうざったく思われ、嫌がられてしまう可能性があります。このように、人間とインタラクションをもつロボットを継続して利用してもらうためには、純粋技術的ではないものも含むいくつかの要因が絡んでおり、慎重にデザインする必要があるわけです。この人間とロボットのインタラクションのデザインは、人間とロボットのマインドインタラクションのデザインそのものと言っても過言ではありません。

一方、HAIやペットロボット、家庭用ロボットに限らず、この「時々いつもと違う反応をする」というのは、職場や学校、家庭（特に熟年夫婦間）における人間同士の関係を「飽きさせない」ためにも使える方法ではないでしょうか。人間は自然と同じ刺激に対しても時々違う反応をしているものですが、相手にそれが伝わっていないと意味がありません。たまにでいいので、「わかりやすい形」で「いつもと違う反応」を相手に示してみると、新鮮な関係が継続できるでしょう。まあ、そのような相手に対する配慮があるうちは、二人の関係もうまくいくんでしょうね。

6）
【Q】ねえねえ、ペッパーとお話ししたことあるの？　どうだった？
【A】うん、出張に行った広島駅近くの寂れた地下街でね。暇だったんでペッパーと会話したよ。予想通り、一見なめらかな会話だけど音声認識が失敗したり、対話が止まったりして、時々困っていた。ただねー、顔画像認識をして、僕の顔を見つめて「できるビジネスマンって感じですねー」って言ったときは、一瞬「むむっ、こいつやるな」と思った（笑）。

参考文献

［1］ 平川大介，野澤孝之，近藤敏之，「HAIの促進と持続に関する一考察」，HAIシンポジウム2007，2C-2 (2007)

［2］ 嶋本正範，塩瀬隆之，川上浩司，片井修，「相互予測が人間のインタラクションに対する「飽き」に与える影響に関する研究」，HAIシンポジウム2006，1C-1 (2006)

［3］ 井庭崇，福原義久，『複雑系入門――知のフロンティアへの冒険』，NTT出版 (1998)

2-2　モノへの愛着と畏敬

身の回りにあふれるモノに対する愛着と畏敬

わたしたちは長年使った万年筆やコーヒーカップに愛着を持ち、どんなに古くなっても使い続けたいと思うことがあります。それらを手にしたときの落ち着いた気持ちや何とも言えない感触はなかなか言葉では表現することができません。一方、わたしたちは位牌を粗末に扱うことはとてもできません。自分の先祖のお墓に行くと自然と手を合わせてしまいます。江戸時代、キリシタン禁令によりキリストや聖母が彫られた踏み絵を踏むように強制されたキリスト教信者の方々の心情は察するに余りあります。

それではわたしたちのこのようなモノに対する愛着や畏敬の感情（心情）はなぜ現れるのでしょうか？　そして、それは人々の社会生活にどのような影響を与えているのでしょうか？　本節ではこれらのことについて考えてみます。

モノに対する愛着が生まれるプロセス

それでは、モノに対する愛着はどのようなプロセスを経て生まれるのでしょうか？　当然、長年使ってきた万年筆のように、長期間使用することにより、なんとなく手に馴染んでくることはよくあります。このプロセスは、単純接触効果（ザイアンス効果）[1]によって説明することができます。この効果により、初めのうちは興味がなかったり、どうも苦手だなと思っていたものが、何度も見たり、聞いたり、使ったりしていくうちに次第に良い感情が起こるようになっていきます。テレビでくり返し流されるコマーシャルの効果も、この単純接触効果によるところが大きいと考えられています。1)

しかしながら、当然、どんなものに対しても長期間接触しているだけで良い感情が起こるというものではありません。たとえば、とても使いづらくて、しっくりこない万年筆はいつまで経っても愛着が湧くものではありません。つまり、愛着が生まれるプロセスについては、単純接触効果だけではなく、もう少し別のメカニズムも考えたほうがよさそうです。

ここでは、人が人工物とのインタラクションをとおして良い「関係」を構築することをカップリングという言葉で呼ぶことにします[2]。「カップリング」という言葉は、さまざまな学術分野で使われています。たとえば、生態心理学という研究分野では、知覚と行為が互いにかみあってはたらくことを「知覚と行為のカップリング」と呼んでいます。また、鈴木章先生が2010年にノーベル化学賞を受賞した際の業績は、炭素同士をつなぐ「鈴木カップリング」という方法の発明でした。

つまり、「カップリング」とはさまざまなレベルにおいて、一方だけの情報表示（行為）では完結しえず、組織的に起こる双方向の情報循環（相互行為）によって初めて形成されるサイ

1）
【Q】「単純接触効果」って恋愛にも使えるんじゃないの？
【A】大変良い質問だね！ 意中の人と会う回数をたんに増やせば良いだけなので、簡単だ。実際に、心理学の調査では、顔を合わせる機会が多いアパートの部屋に住んでいる男女は恋愛関係になりやすいという結果もあるんだ。でも、毎日会っている人でも、どうしてもダメな人は当然いるよね。なので、人間関係はそんなに単純じゃない。だから、『マインドインタラクション』という本があるのです（笑）。

クルと考えることができます。ちょっと難しいですね。先ほどの万年筆の例で考えてみましょう。自分の気に入ったデザインの万年筆を店で見つけたとします。ちょっと持ってみますが、少し違和感があります。でも、デザインが気に入ったので購入しました。書斎でその万年筆を使って手紙を書くとします。柔らかなペン先が指に馴染み、便箋に自分の思いが伝わるようにすらすらと筆が動きます。この過程を振り返ってみましょう。視覚、触覚などさまざまな感覚器官で「組織的な双方向の情報循環」が起こっていることがわかると思います。「愛着」が生まれるプロセスには、このような「カップリング」のサイクルが関わっていることは明らかでしょう。

モノに対する畏敬を生み出すプロセス

つぎに、モノに対する畏敬が生まれるプロセスはどのように考えることができるでしょうか？　エモーショナル・デザイン（1-7節）では、モノをデザインする際に重要となる人間の認知や情動について、三つの観点から分析しました。その一つの「内省的デザイン」が畏敬が生まれるプロセスに関与していると思われます。

内省的デザインは、モノが想起させる自己イメージ、個人的満足感や思い出などを考慮したデザインと言われています。本節の最初で、位牌やお墓、踏み絵の事例をあげましたが、人とこれらのモノとのインタラクションではまさにその人の思想や思い出、感情などがモノへ投影されることにより、畏敬のような感情が生み出されているものと思われます。このプロセスはわたしたちも実感として理解できるものです。

それでは、このモノへの投影とはどのようなプロセスだと考えられるでしょうか？　最近、注目されている研究として、プロジェクションサイエンスというものがあります[3]。「プロジェクション（投射）」とは、脳などに内的に構成された表象と世界を結びつける心の働きと定義されています。これはちょっと難しいので、説明が必要ですね。たとえば、いま、目の前に好物のケーキがあるとします。目と鼻からケーキの情報が取り込まれ、脳内にケーキというモノの表現ができあがります。思わずつばがでてきますね。でもわたしたちが、あーっ、おいしそうだと思うのは目の前にあるケーキに対してですよね？　でも、ケーキというものの情報を表現しているのは脳なのですから、あーっ、おいしそうだと脳内で感じてもよいのではないでしょうか？　どうして、脳の外側にあるケーキに「プロジェクション（投射）」されてしまうのでしょうか？　ちょっと哲学的な問題にも関係しそうですね[2)]。

詳細な説明は論文[3]に譲るとして、位牌やお墓、踏み絵への畏敬も同じメカニズムがはたらいていると思いませんか？　位牌には亡くなられたおじいちゃん、おばあちゃんの戒名が書いてあるかもしれませんが、おじいちゃん、おばあちゃんとの思い出はわたしたちの頭の中にあります。それなのに、位牌を見るとわたしたちは厳かな気持ちになり、思わず手を合わせてしまい、そこにおじいちゃんやおばあちゃんを感じてしまいます。そのとき、脳内の思い出や感

【Q】[2)] 「プロジェクションサイエンス」って、哲学でいう「現象学」のことなの？
【A】 おーっ、するどい質問だね。それと、哲学までよく勉強しているね。現象学を研究している哲学の先生に聞くと、プロジェクションサイエンスはまさに現象学じゃ、と言います（笑）その他にも、マイケル・ポランニー（暗黙知で有名な研究者）、大森荘蔵（日本の有名な哲学者）の考えに近いという人もいます。でも、「プロジェクションサイエンス」は、脳科学や認知科学などのこれまでの最新の研究成果に基づき、これらの哲学的な問題にも答えようとしているんだ。とてもチャレンジングでしょ!?

情が位牌に「プロジェクション（投射）」されている感じはしませんか？

日常生活におけるモノへの愛着と畏敬

モノへの愛着や畏敬が生まれるプロセスはとても複雑で、そのメカニズムはいまだに解明されていません。本節では、「カップリング」、「内省的デザイン」（メディアの等式）、「プロジェクションサイエンス」の知見を用いることにより、そのメカニズムについて考察してきましたが、まだまだ解明できたなどとは言うことができません。しかし、愛着や畏敬のような感情は他の動物にはない（？）と思われるとともに、人間にとって本質的な認知的機能だと思われます。

本書では「マインドインタラクション」の考えに基づき、人と人のインタラクションだけではなく、人とモノのインタラクション、さらにはモノを介した人と人のインタラクションをとおして構築される関係について考えています。それらのインタラクションをとおして、人間存在の基盤とも言える愛着や畏敬の感情が生じるメカニズムについて考えてみることも重要だと思います。一度、身近にある「モノ」を手に取り、どうしてそれに愛着を持つようになったのか、どうしてそれに対して手を合わせてしまうのか、じっくり考えてみるのも面白いと思います。

参考文献

[1] Zajonc, R. B., Attitudinal effects of mere exposure, *Journal of Personality and Social Psychology*, 9(2, Pt.2):1-27 (1968)

[2] 小野哲雄,「インタラクションにおけるカップリングと知能」,『人工知能学会誌』, 21(6), 662-668 (2006)

[3] 鈴木宏昭, 小野哲雄, 米田英嗣,「特集「プロジェクション科学」編集にあたって」,『認知科学』, 26(1), 6-13 (2019)

2-3　人はコンピュータに従うのか

人間の判断ｖｓＡＩの判断

１９９４年に名古屋空港で起こった中華航空１４０便墜落事故を憶えているでしょうか。２６４人が死亡という、１９８５年の日本航空１２３便墜落事故に次ぐ悲惨な事故だったわけですが、その事故の原因の一つは、「人と機械の意見対立」と考えられています。実は、失速して落下する飛行機のコックピットの中では、人間の機長とコンピュータの意見対立が起こっていたと伝えられています。着陸前であった中華航空１４０便エアバス機では、操縦士の誤操作で着陸やり直しモードに入った自動操縦コンピュータが機首を上げようとし、そのまま着陸しようとする人間の操縦士は機首を下げようとしました。そのような場合、たとえば人間の機長が正しい判断を採って強制的に実行すればいいのはもちろんですが、人間もコンピュータもお互いの不適格な操作を認識できていなかったこともあり、機体は失速して、墜落するという最悪の事態になったと言われています[1]。

この事故での問題点はいろいろあるでしょうが、一つの深刻な問題は、自動操縦のような知的なコンピュータプログラムであるＡＩが搭載された機械を人間とＡＩが操縦している場合には、人間の判断とＡＩ（コンピュータ）の判断が対立することが起こりえるということです。

また、そのように対立した場合に一体どうすればよいのか、たとえば、いつもコンピュータの判断に従うべきなのか、逆にいつも人間の判断を優先すべきなのか、場合によってより正しそうな判断を採択すべきなのか（この場合は、人間とコンピュータの判断を評価する二つめのＡＩが必要になります）が決まっていないことです。実際、このような人間とコンピュータ、ＡＩとの関係を正面から扱った研究はまだ端緒についたのが現状で、それらから得られる知見を利用することはまだ難しいのです[1)]。

もう一つの例として、現在盛んに研究開発がされている自動車の自動運転があります。現在米国のテスラ社の自動運転が実験段階で事故を起こしており、既に死亡者が出てしまいました。２０１６年5月に自動運転のテスト走行中であったテスラ社の車が、ハイウェイを横切るトレーラーの側面に衝突した事故で、ドライバー（運転していたと言えるのかよくわかりません）が死亡しました（テスラ車とトレーラーの位置関係は図２・４を参照）。この車には運転支援システム「オートパイロット」が搭載されており、そのテスト走行中だったと伝えられています。そして、この事故は、我が国における自動運転の開発関係者に大きな影響を与えたと思われます。もちろん、楽観的な開発推進を躊躇させるに足る負の影響です。この事故もある種の「人間と機械の対立」が関係している可能性があります。

米運輸安全委員会NTSB(National Transportation Safety Board)の報告書[2]によると、自動運転車に搭載されているカメラとミリ波レーダーは、前を走行中の自動車を認識できるように

1）【Q】人間とＡＩの関係についての研究だよね。いろんなところで「人間とＡＩの共生・協業・協働」って言葉はよく聞くけど。
【A】そうだね。メディアや企業の広報ではよく聞くけど、その目的で具体的に研究開発をやっているところはほとんどないと思うね。「ＡＩに仕事を奪われる」なんて間抜けなこと言ってないで、もっと真剣に「人と共生するＡＩ」を研究すべきだよ。同じような方向のＡＩ研究としては、説明可能なＡＩ(XAI, eXplainable AI)があるんだけど、こっちのほうはかなり研究開発が盛り上がっている。いいことだよ。

ＡＩがプログラムされていました。ところが、トレーラーの大きな側面は、道路上の他の自動車のような障害物として認識されない、つまり認識するアルゴリズムになっていなかった可能性が考えられます。

そうだとすると、これは典型的なＡＩのフレーム問題[2]であり、常識を含む人間並の知識を書き尽くすことの本質的な難しさを表しています。また、この事故の直前、人間のドライバーはトレーラーに気がついたのではないでしょうか。そして、そのときとっさにハンドルを切ろうとした人間とそのまま直進しようとするＡＩとの瞬間のせめぎ合いが生じ、結局はＡＩを優先した結果、悲惨な事故が起きてしまったのではないかと筆者らは推察しています[3]。そうだとすると、ここにもまた人間とコンピュータの判断が対立する問題があります。そして、これらの例からわかるように、その対立がフェイタルな事故を引き起こす場合が往々にしてあるのです。

これらの例から、今後一般家庭にＡＩがどんどん導入されると、そこで一般のユーザとＡＩとの判断の対立がたくさん起こることが予想されます。「朝起きたら、天気が悪く、今日は講義もないので出勤せずに家で仕事しよう！」という大学教員の意思決定に対して、それを理解していないＡＩは、「今日は来客がないため、仕事に集中できるのでいつもより早く出勤しましょう！」と判断するかもしれません。人間の意思決定を支援するＡＩを作って、一般家庭に導入すると毎日何十回と、このような意見の対立を強いられることになるかもしれませ

2）【Q】フレーム問題って何？
【A】ＡＩの哲学的な根本問題の一つだね。ＡＩ自体はコンピュータなので、当然制限された有限の情報処理しかできない。それは、人間も同じ。でも、外界（環境）には情報が無数にある。人間はその外界の無数にある情報から、現在のタスクに必要な有限の情報を瞬時に取り出しているように見える。では、ＡＩはどうすればいいのかというのが、フレーム問題。

3）【Q】これは、ほんとかな？
【A】いやまあ、諸説あるからね。NTSB も事故原因を完全には特定していない。ただ、「人間とＡＩのせめぎ合い」の事実はあって、それに上手く対応できていなかったことは事実じゃないかな。加えて、テスラ車を過信していたことも事故原因として挙げられるだろうね。

図 2.4　自動運転車（テスラ社）の事故 [2]

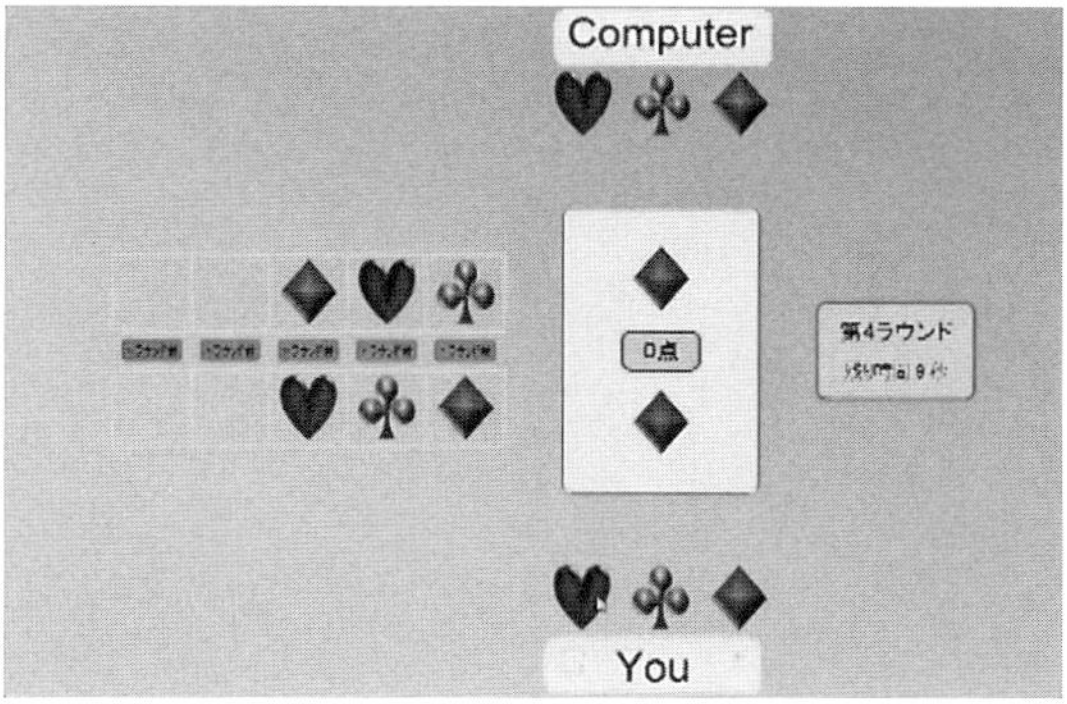

図 2.5　マークマッチングゲーム [3]

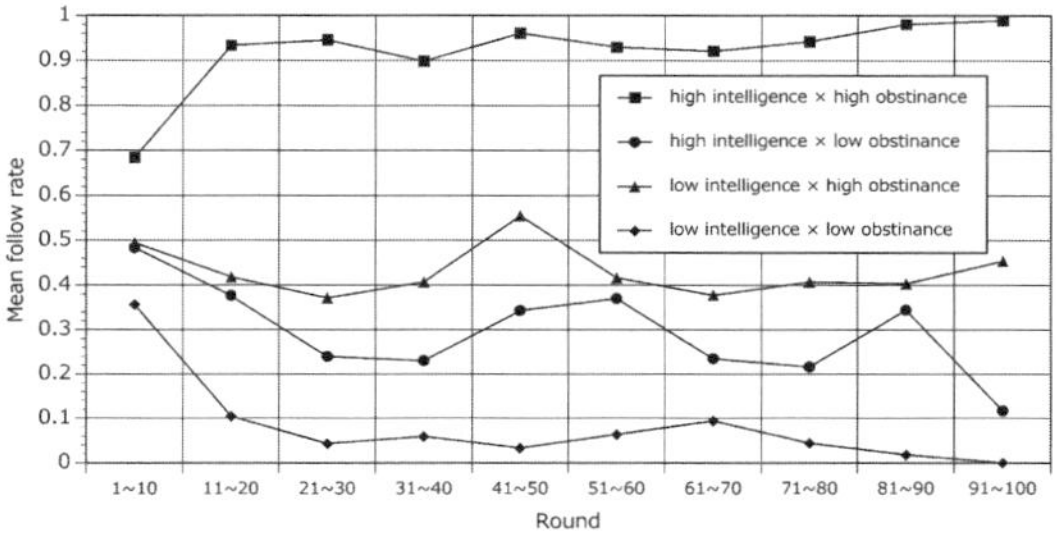

図 2.6　人はロボットの言うことに従ったか [3]

ん。そして、その中にはかなり深刻な意見の対立が含まれていることでしょう。

人間がＡＩに従うときとは？

さて、このような人間とＡＩの意見の対立を何とか上手く処理するためには、まずは人間は自分の判断を主張するＡＩやコンピュータ、ロボットなどに対して、どういう場合に相手に従い、どういう場合に自分の意見を押し通すのかを研究して解明することが必須です。これは、人間とエージェントの関係について様々な研究を行っているＨＡＩとして、とても興味深い研究テーマです。そして、そのような研究テーマの数少ない研究として、われわれのグループの行ったリーダーフォロワー関係の認知バイアスに関する研究[3]があります。この実験では、シンプルなゲームをくり返し参加者にやってもらいました。そのゲームは、宣言マークマッチングゲームというもの[4]（図２・５）で、人間とエージェント（ＡＩロボット）がお互いの意見を交換して、対立した場合に、エージェントがどのような属性をもつ場合に人間は相手エージェントの意見に従う（この場合、人間が「フォロワー」、ＡＩが「リーダー」）かを実験的に調べています。

このとき調べられるエージェントの属性はいろいろ考えられますが、その中で参加者実験が可能な二つを慎重に選択しました。それが、エージェントの「賢さ」と「頑固さ」です。具体的には、人間がエージェントの宣言手に合わせた場合に得られる得点で、エージェントの賢さ

4) 【Ｑ】そんなゲーム、聞いたこともないね？
【Ａ】筆者のオリジナルだからね。ゲーム理論の世界では、協力ゲーム（cordination game）とか、チープトークとか言われているものと関連が深い。二人でやる単純な協調ゲームで、最初にお互いが次に出す手（マークの一つ）を宣言して、その後実際に手（実行手）を明かし合う。同じ手であれば互いに得点があり、違う手なら両方とも得点なし。宣言手と実行手は同じでなくともよい。そんなルールだよ。

を記述しています。つまり、その得点が高いことで、エージェントが賢いことを表します。一方、エージェントの「頑固さ」は、エージェントが自分の宣言手に固執する確率、つまり自分の実行手が宣言手と同じ場合の確率で表現します。この確率が高いほど、エージェントは頑固であることを意味します。

このような設定で、エージェントの賢さ、頑固さの高低の組合せ（賢さ、頑固さ）＝（高、高）、（高、低）、（低、高）、（低、低）の4通りについて、意見対立のときに人間（参加者）がエージェントに従ったフォロー率（エージェントの宣言手に自分の実行手を合わせた率）をグラフにしたものが図2・6です。この図をよく見ていただくとわかるように、フォロー率は（高、高）で一番高く、（低、低）が一番低いのはわれわれの直感に合う結果です。一方、興味深いのは、（高、低）、（低、高）の場合で有意な差が出ており、（低、高）のエージェントに人間がよりフォローする、従う場合が多い傾向がある点です。

つまり、人間は「賢く慎ましい」エージェントよりも「バカだが主張の強い」エージェントに従う傾向があることになります。なにやら身も蓋もない結果で、少し気分が滅入りますね。また、この研究から意見対立の時に人間を従わせるには、ＡＩは正しく判断できる能力よりも、自分の意見に対する押しの強さが効果的であるという知見が得られます。この結果は、あくまで人間とエージェントの関係でのものですが、なんだかある意味で「人間同士」のリーダーフォロワー関係の本質を突いているようにも感じられませんか。あまり認めたくはないのですが、企業、政治、家庭、学校などの様々な組織で声の大きな人が優秀な人よりも偉くなるのは、人間の認知バイアスに原因があるのかも知れません。

参考文献

[1] 運輸安全委員会報告書　https://jtsb.mlit.go.jp/jtsb/aircraft/detail2.php?id=851 (1996)

[2] 米運輸安全委員会 (NTSB) 報告書 (Accident Report, NTSB/HAR-17/02, PB2017-102600) (2007)

[3] Terada, K., Yamada, S. and Takahashi, K., A leader-follower relation between a human and an agent, *Proceedings of the 4th International Conference on Human-Agent Interaction (HAI2016)*, 277–280 (2016)

2-4　マシンの気持ちがわからない

マシンが伝えたい気持ち

「近頃、洗濯機がおかしな音を立てている」、「このACアダプター、みょうに熱いなー」、「LaTeX[1]のコンパイルがおかしいなー、いつものとおりやってるのに上手くいかないぞー」というような経験はどなたもお持ちだと思います。そして、そのような時に、マシン[2]の（内部）状態に何か変化が起きていると想像できますが、どんな状態（典型的には、何らかの故障）になっているのかはいろいろ調べてみないとわからないし、素人が理解するのは難しそうです。つまり、擬人化の観点、HAIの観点からいうと、マシンのマインドがわからないという状態にあると言えます。そして、マシンのマインドがわからない状態は、次のような様々な問題を引き起こします。

●**マシンの故障**　たとえば、マシンのマインドが「エラー発生！　リセットして！」だったとします。このマインドをユーザが理解できないと、そのマシンはそのまま重大な故障を引き起こすリスクがあります。さらに重篤な場合はいくつも考えられます。「バッテリーがすごく熱いよ！　なんとかして！」とスマホが悲鳴を上げたいこと、ありますよね。ユーザが放っておくと、バッテリーが発火するかもしれません。モバイルバッテリーを筆頭に実際にそのような

1) 【Q】LaTeXって何なの?
【A】これ、一般の人はわからないだろうねー。理系の論文執筆でよく使われるワープロソフト。ラテフとか、ラテックと読むんだ。最近はワードも普及してきたけど、数式の美しさや文献管理などでまだLaTeXのほうがはるかに上かな。それに無料だしね。実は、この本も全部LaTeXで書いているんだ。

2) 【Q】「マシン」は、ちょっと特別な意味で使ってる?
【A】本書で「マシン」とは、家電、アタッチメント、ソフトウエアなどのコンピュータが稼働させる様々な機器の意味だね。もちろん、コンピュータもマシン。

事故は少なからず起こっています。このような状況では、警報やアラームと同じような意味を持つことになります。

●マシンの自信　カーナビやＡＩがユーザにアドバイスを与える場合、たとえば、「４００メートル前方を左に曲がる」とか「○○の株を××だけ買うことをおすすめします」などのようなものがあります。このようなアドバイスには、それが正しい確率、確信度が計算上出てきます。それらは、一種のマシンの内部状態なので、うまく人間に伝えるべきなのですが、数字で「９６％の自信があります」と音声で言ってもなんだか説得力があるのかないのかわかりません。また、一つめの「マシンの故障」と似ていますが、マシンが自信過剰で「どや顔をする」ときには気をつけたほうがいいということになります。

さてこのようなマシンのマインドをユーザである人間に的確かつユーザに負担なく伝えるためにはどうすればいいでしょうか。まず思いつくやり方は、あからさまに言葉で伝える方法です。人間でもやってますよね。でもこれはあまりにあからさまなために、人間同士でもマインドを伝えることはできますが、そのあとの反応が思わしくない場合が多いです。「このアドバイス、俺すごく自信あるんだ。絶対言うこと聞いといて損しないから。」とか言葉で言われると、まあそうなのかもしれないけどなんか不快で言うこと聞きたくないなーと思ったりしませんか。それよりも、むしろまじめでかつ自信ありげな顔表情（「どや顔」ではありません）で、言葉はそれほど自信を強調せずに「○○だと思いますよ」とさらっと言ったほうが伝わるし、言われたほうも、そうだねと従いそうです。このような「言葉」あるいは「言語」により伝達される情報を言語情報、そうでない顔表情、しぐさ、ジェスチャーなどの言葉や言語以外で伝わる情報を非言語情報と言います。

人工的で非言語なのは安価なアプローチ

このような考察から、非言語情報でマインドを伝えることはうまくいきそうです。でも、非言語情報を実際にどのように実装するかはまた別の問題として残っています。この問題についてもまず考えつくのは、「人間は顔表情やしぐさという非言語情報をうまく使っているんだから、それをマシンやエージェントでも利用すればいい」というアプローチです。この方法で非言語情報を実現するには、たとえば、人間そっくりなアンドロイドロボットや擬人化エージェントを作って、そいつに非言語情報を表出させようということになります。

しかしながら、擬人化エージェントはCGなどのソフトウェアで外見を人間に近づけることが何とかできそうですが、実機のロボットは外見やちょっとしたしぐさを人間そっくりにすることはとても難しく、お金のかかるものとなります。実際、大阪大学の石黒浩教授を中心に研究されている「ジェミノイド」と呼ばれるアンドロイドロボットは、1体の制作が約1000万円と言われています。ジェミノイドは腕や手の動きが制限されており、歩行もできませんから、人間並みにジェスチャーができるようにするには膨大なお金が必要、あるいはいくらお金をかけても難しいのではないでしょうか。

ここで、筆者の一人（山田）の研究チームのとったアプローチはコストのかからないまったく逆の方法でした。それは、ＡＳＥ(artificial subtle expression)[3)]と呼ばれる方法[1]です。その名前のとおり、人工的な非言語情報を使おうというものです。実際に使う表出はいろいろあります。最初に使ったのが、〝プー〟というビープ音です[1]。実験は簡単で、まず2種類のビープ音（〝プー〟と周波数（＝音の高さ）が変わらないものと、〝プーゥン〟という周波数が下がるもの）を用意して、参加者に正解がどれかまったくわからない、つまり「ゼロ情報の3択問題」をくり返しやってもらいます（図2・7）。各3択問題では、「音声によるアドバイス＋直後に2種類のビープ音」が参加者に対して鳴らされます。そして、二つのビープ音のアドバイスのそれぞれに従った回数を調べました。そうすると、周波数が変わらないビープ音のアドバイスに従った回数が、周波数が下がるビープ音のアドバイスに従った回数よりも多かったのです。この結果は、統計的検定により有意差があること[4)]が確認されています。

また、他の例だと、あるアドバイスをするときに、ロボットが人間のほうを振り向くときの回転速度が違うだけで、ロボットの判断に対する自信のあるなしを人に伝達することができることもわかっています（図2・8）[2]。回転速度が速い場合が、参加者には自信があるように感じられ、遅い場合には自信がないように感じられます。さらに、スマホのバイブレーション（図2・9）で、振動数の変化なしと振動数が落ちるものでも、ビープ音のＡＳＥと同じよう

【Ｑ】[3)] ＡＳＥって、またよくわからない名前をつけたもんだ。

【Ａ】そうだね。ホントはもっとわかりやすい名前をつけたかったんだよ。ただ、すでにＳＥ(subtle expression)という概念・名称があり、人間の自然(natural)なＳＥを表していた。つまり、ＮＳＥ(natural subtle expression)だね。だったら、人工的なのだからＡＳＥにしようとなったんだよ。いいネーミングは魅力ある研究にとって重要だから、いろいろ思案の末だよ。ところが、英語を先に考えたものだから、今度は日本語訳を考えることになったんだけど、aritificial subtle expression の特に subtle expression のいい訳語が考えつかなかった。「微細表出」、「些細表出」とかじゃあなんかおかしい。なので、けっきょく日本語でもＡＳＥのままになったわけ。

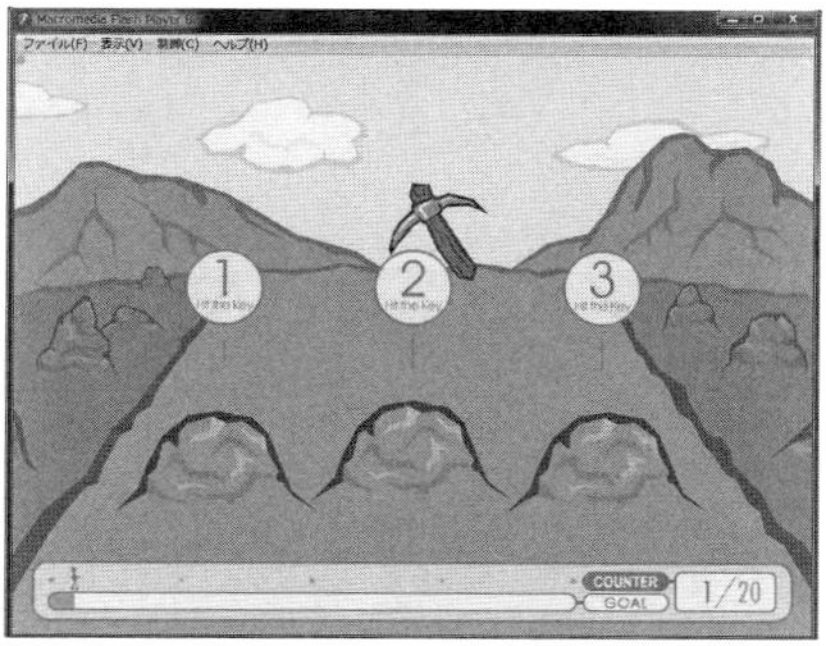

図 2.7　ゼロ情報の三択問題［1］

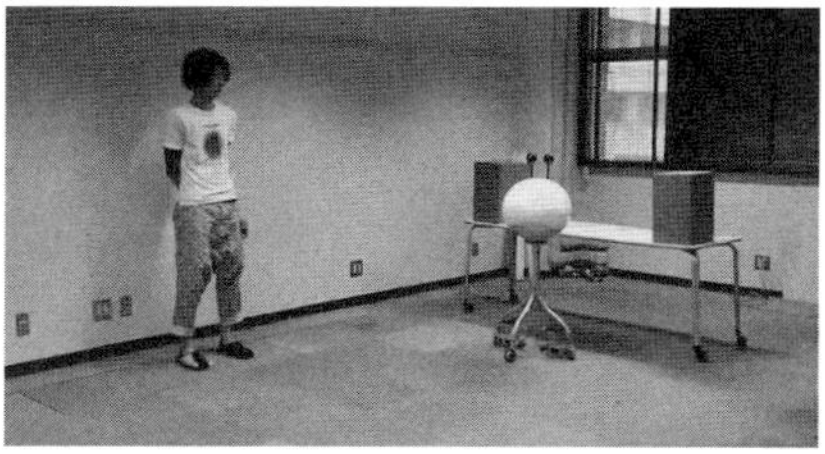

図 2.8　振り向いて人を見るロボット［2］

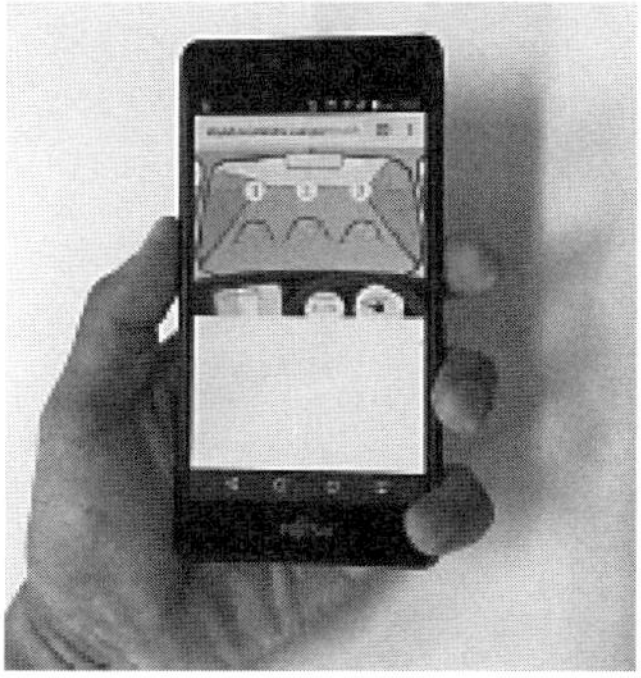

図 2.9　スマホのバイブレーションによる ASE の実験［3］

図 2.10　ロボットの胸に付いた LED の明滅［4］

な効果があることが確認されています[3]。あとは、LEDの明滅を使って、AIが「処理中」であることを人間に伝えることも可能です（図2・10）[4]。このように、いろんな非言語情報がASEとして利用できることがわかっています。

いやー、ASEは我ながらかなり地味な研究ですね。さらに、この研究はお金がかからないのです。ビープ音はPCでフリーソフトで合成できますし、LEDとその制御基板も安いもので十分です。一見、日常生活とは関係なさそうにみえるASE研究ですが、このような研究がこれからさらに発展することによって、マシンの気持ち、マインドがユーザに直感的に一瞬で伝わるようになっていくと考えられます。それによって、ユーザのマシンやAIに対する理解も深くなっていくため、人間とAI、マシンの相互理解が進んで、共生社会が実現することでしょう。

4）【Q】「統計的検定」って何？難しそう。

【A】うん、難しいね。二つのデータ集合を比較するときに、単に平均値に差があっただけでは、特にデータのばらつき（分散）が大きい場合、本当に二つのデータ集合間に差があったのかどうかわからないよね。統計的検定は、この分散も考慮して95％の確率でデータ集合間に差（有意差）があることを数学的に保証する方法なんだ。t検定、分散分析、カイ2乗検定などいろんな方法があって、実は間違った使い方をされる場合も多いんだ。

参考文献

[1] 小松孝徳，小林一樹，山田誠二，船越孝太郎，中野幹生，「確信度表出における人間らしい表現と Artificial Subtle Expressions との比較」，『人工知能学会論文誌』，27(5), 263-270 (2012)

〔2〕 寺田和憲，山田誠二，小松孝徳，小林一樹，船越孝太郎，中野幹生，伊藤昭，「移動ロボットによる Artificial Subtle Expressions を用いた確信度表出」，『人工知能学会論文誌』，28(3), 311–319 (2013)

〔3〕 Komatsu, T., Yamada, S., Kobayashi, K., Funakoshi, K. and Nakano, M. Artificial subtle expressions: intuitive notification methodology of artifacts, *Proceedings of the 28th Annual SIGCHI Conference on Human Factors in Computing Systems (CHI2010)*, 1941–1944 (2010)

〔4〕 Funakoshi, K., Nakano, M., Kobayashi, K., Komatsu, T. and Yamada, S., Non-humanlike spoken dialogue: a design perspective, *Proceedings of the 11th Annual SIGdial Meeting on Discourse and Dialogue (SIGDIAL2010)*, 176–184 (2010)

2-5　空気を読むロボット——コミュニケーション空間の賢い利用

〝空気を読む〟とは？

人同士のコミュニケーションでは、〝空気を読む〟ことにより円滑なコミュニケーションを実現しています。ここでは、〝空気を読む〟とは円滑なコミュニケーションを実現するために「状況内の情報」を効果的に利用し、文脈適応的な行動をとることであると考えます。[1)] つまり、2～3人が口角泡を飛ばして議論しているのを見かけると、ひとまずその場を避けて通り過ぎ、何か伝えたい用事がある場合は、議論が少し収まるのを待ってから話しかける、というような行動をここでは〝空気を読む〟ことだと考えます。したがって、2～3人が議論している「空間」の認識が重要となります。

特に、個人や複数の人が作る「空間」がコミュニケーションに果たす役割については、社会心理学や文化人類学において、パーソナルスペース（個人を取り巻く個人空間）およびソーシャルスペース（複数人の相互作用により生じる社会空間）という概念を用いて議論されてきました[1]。これらの空間の特徴は、そこに他者が侵入することで強い情動反応を引き起こすことです。また、お互いが適切であると知覚する距離や空間には文化差があることが明らかとなり、個人空間や社会空間の認識の違いが異文化間のコミュニケーションにおいて齟齬をきたし

1）

【Q】ロボットに〝空気を読む〟機能を実現するのはとても大変だと思うけど、それを実現する必要はあるの？

【A】たしかに難しそうだよね。でも、これから人間社会の中で働いていくためには、必須の機能なんだよ。だって、僕たちが一所懸命に仕事の話をしているときに、ロボットが割り込んできて芸能界のゴシップネタを話し出したらすごくイライラするじゃない。だから、一緒に生活していくうえでは絶対に必要なんだ。当然、最初は機能を限定して考えないといけないけどね。

ているという指摘もあります。

一方、ロボットを始めとした人工物にこの〝空気を読む〟という機能を実現することはこれまでとても難しいことであると考えられてきたため、この機能の欠如が人と人工物の円滑なインタラクションを妨げる原因ともなってきました。人々と一緒に日常生活をおくることができる〝空気を読むロボット〟をなんとか実現することはできないでしょうか?

〝空気を読むロボット〟の実現

〝空気を読むロボット〟を実現するためには、人同士の相互作用によって生じる社会空間をロボットが認識できる必要があります。言い換えると、社会空間をロボットがわかる形で提示してあげる必要があります。わたしたち（小野の研究チーム）は具体的には環境にカメラやセンサを配置することなく、ユーザが持っているスマホとセンサネットワーク技術でおおまかに社会空間を提示する手法を開発しました[2]。

社会空間を認識する具体的な手順は以下のとおりです。まず、(a)ユーザの持つ携帯端末間の距離、(b)身体の向き、(c)対話の活性度を計算します。ここでは技術的な詳細は省略しますが、(a)と(b)はスマホに搭載されている機能を使って計算を行います。(c)については、われわれの先行研究から、対話を行っている人の音声発話の「重なり」が多いほど会話が「弾んでいる」と推測できるため、この研究成果に基づき発話量の重なりが多いほど活性度が高くなるように設計しています。[2)]

　以上のように、この研究ではとても簡便な方法でシステムを構築したのですが、この方法により実際のフィールドではかなり安定して社会空間を認識することができました。たとえば、このシステムが実現されていないロボットは、社会空間を認識することができず、どんなに議論が盛り上がっている空間であっても侵入してしまいます（図2・11（上））。しかし、このシステムを実現したロボットは、議論が盛り上がっている空間を認識し、その空間を回避することができます（図2・11（下））。

　また同様に、対話の切れ目を見つけてそこに割り込むことも可能となります。人同士が熱心に議論を行っていると、このシステムを実現したロボットは〝空気を読む〟ことによりそれを察知し、会話への介入を躊躇します（図2・12）。その後、ロボットは会話が一段落したのを認識すると、人に近づいていき、連絡事項を伝えることができます[3)]（図2・13）。

　このような行動をするロボットを実際に見ると、わたしたちはロボットに対して強い「社会性」を感じてしまいます。ロボットと対面して行うインタラクションも重要ですが、他者との「関係性」を読み取ることができるロボットに対して、より「社会性」を感じるのではないかと思います。「関係性」の中でココロを捉えることの重要性は、人もロボットも同じですね。

【Q】2) 人の発話が〝重なる〟と、そのときの会話は「盛り上がっている」と判断していいのかな？

【A】いい質問だね。電車の中などでまわりを見回してみると、たしかに楽しそうに会話がはずんでいるときは発話が重なっているようだね。片方が話し終わる前に、「そうそう」なんてあいづちをうったりして。でもそれ以外にも、喧嘩をしているときや、議論が白熱しているときも発話が重なってしまうね。つまり、発話の重なりと会話の活性度には関連があるようだけど、それが楽しいのか、喧嘩なのか、論争なのかという文脈を切り分けることとは別の話だね。

【Q】3) でも、この方法では、会話が一段落したのと各人が考え中なのを判別できないんじゃないの？

図 2.11　社会空間に侵入してしまうロボット（上）と“空気を読む”ことでその空間を回避するロボット（下））[2]

図 2.12　議論が盛り上がっているため，“空気を読み”介入を躊躇するロボット

図 2.13　議論が一段落したため，会話に介入するロボット

〝空気を読む〟ことの功罪？　――コミュニケーション空間の新しい利用方法

　ここではかなり限定した意味で〝空気を読む〟という言葉を使ってきました。実生活の場面を考えると、〝空気を読む〟って本当に難しい判断になります。みなさんも実感しているように、人間でも〝空気を読めない〟人はたくさんいます。日本人はいつも空気を読みがちだと言われますが、ときには空気なんて読まずに、まったく異なる視点から自分の意見を強く主張するのも重要です。特に、従来の解決できない問題に対して、革新的なアイデアを出してブレークスルーを見出すためには大切です。

　文化差もあり、判断の難しい〝空気を読む〟方法を考えていくのと同時に、いま使えるＩＴ機器を有効活用して、われわれにとってもっと心地よい環境を作ることはできないでしょうか？　ここではせっかく社会空間を認識する方法やそれを提示する方法を紹介したのですから、それらを使って、安心して話に集中できる、心地よいコミュニケーション空間を作ることはできないでしょうか？

　実は、われわれはそのようなコミュニケーション空間の試作も行っています。簡単に紹介すると、ユーザにはＶＲメガネを装着してもらい、先ほど述べた社会空間の認識方法を使って、そこでの会話に参加している人にだけ見える画像を提示する方法を研究しています。この画像提示方法を使うと、同じ画像を共有することにより、よりいっそう会話が盛り上がります。でも、その社会空間の外の人には画像がまったく見えないので、なぜ会話が盛り上がっているか

【Ａ】するどい！　確かにこのシステムでは判別できない。ただ、ＡＩを使った画像判定システムを使えば、対話者の姿勢や頭の向き、表情などから判別ができるようになるね。

もわかりません。このようなシステムがあると、渋谷の真ん中でも二人だけで安心して話に集中できる、心地よいコミュニケーション空間を作ることができるかもしれません。

これからは日本にもたくさんの外国人が住むことになると思います。日本人だけに通用するような〝空気を読む〟というコミュニケーション手法にこだわるのではなく、ＩＴ機器を有効活用して、コミュニケーション空間を明示的に示していくことが重要だと考えます。そのほうが、外国の方々だけではなく、ロボットなどの人工物にとっても文脈を認識しやすくなり、コミュニケーションが円滑になっていくのではないでしょうか。

参考文献

[1] エドワード・T・ホール 著, 日高敏隆, 佐藤信行 訳,『かくれた次元』, みすず書房 (1997)
[2] 小野哲雄, 今吉晃,「空気を読むロボット-コミュニケーション空間を利用した人を動かすHAIデザイン」,『人工知能学会誌』, 28(2), 284-289 (2013)

大学教員の心労

TV ドラマ『白い巨塔』の印象的なシーンで，純粋無垢な里見助教授を上司である医学部長の教授が，地方大学へ飛ばす（左遷する）シーンがあります．現在でも大学教員の人間関係，特に教授と部下である准教授，助教の関係は，難しいものがあります．理工系の場合，教授，准教授，助教が研究室（講座）を構成する，いわゆる「小講座制」（准教授が独立して研究室をもつのは「大講座制」）のところがまだ少なくありません．そこでは教授と部下の教員とが密に関係することになりますが，ずっと仲良く研究することのほうが珍しいぐらいに，主に研究面や予算面でいろいろな人間関係の問題が生じる場合があります．特に，各教員の専門分野が被るとその傾向が強いと言われます．専門が同じ教員は，相手の主張がよく理解できるが故に，意見が微妙に合わずに対立してしまうためです．ただ，研究室内の教員が協力して，予算獲得する・生産的な共同研究ができる等の小講座制の良さもあるので難しいところですが，大講座制でも自発的にそのようなコラボレーションは可能なので，総じて大講座制の方が良いのではないでしょうか．

一方，最近多くの大学教員が経験しているのが，学生の引きこもりです．教員の方は，アカハラ，パワハラにかなり気をつけているとは思うのですが，ある一定数の学生は精神的に不安定になってしまい引きこもってしまいます．中には，研究室に行くと「研究しなければ」というプレッシャーで，身体的にも不調をきたす学生もいます．そして，一般的にそういう学生は，非常に真面目，というか“真面目すぎる”傾向があります．もちろん「真面目」というのは，仕事や研究で成功するために必須条件ではあるのですが，「真面目すぎる」までになると，視野が狭い，息抜きや気分転換ができないなどの欠点のほうが目立ってきます．また，学生が引きこもりそうか否かは入試の面接ではわかりにくく，そのような学生の指導は「真面目」な教員にとっては大きなストレスになります．それも教育のうちと言ってしまえばそうかもしれませんが，大学教員が学生の私生活にまで踏み込むのは，お互いキツいものです．

ネガティブな話ばっかりになりましたが，人事や学生との関係だけをとっても大学教員はなかなか大変な仕事であることをわかっていただければと思います．

2-6　人にやさしいマシン

「人にやさしいマシン」から「マシンにやさしい人」へ

しばらく前からだと思いますが、いろんな場面で「人にやさしい」というキャッチフレーズを見ることがあると思います。たとえば、「人にやさしい［街づくり／機械／サービス／福祉／医薬品／住宅／マーク／ロボット／自動車／バス／モノ］」などなどたくさんの例がありますす。研究者として気になるのは[1]、ここで言う「人にやさしい」とは一体どういう意味かということです。厳密な定義はないのかもしれませんが、どうも個々の例を見ていると、ユニバーサルデザイン[2]や使い方がわかりやすいデザイン、そしてユーザは何もしなくてもシステムのほうから積極的にユーザを支援してくれるデザインなどのことだと考えられます。特に最後の「ユーザは何もしなくてもシステムのほうから積極的にユーザを支援してくれる」という機能は、ユーザインタフェース、あるいはヒューマンインタフェースの分野でよく使われます。人間のユーザがあれこれしなくても、システムが勝手に色々やってくれるので、人間のほうは楽なのです。

ただし、ちょっと想像して見てください。ユーザの意図をくみ取って、ユーザが操作する前にそれを実行するような、まるで忖度のようなことをマシンができるのでしょうか。今のご時

1)【Q】やっぱり研究者って、「定義」が気になるのかな？
【A】うん、一種の職業病とあきらめてるんだけど。周りから、特に家族からは煙たがられるよね。多分、トップカンファレンスの論文査読で「定義が曖昧」とコテンパンに叩かれたトラウマが根強いんだと思う。

2)【Q】「ユニバーサルデザイン」って何なのかな？
【A】老若男女の差異、障害・能力の差異に関係なく使ってもらえるような施設、人工物のデザインのこと。身近な例では、線グラフの各線を色分けだけでなく、線種（直線、破線、点線など）でも区別できるようにすることで、色弱・色盲の方にでも問題なく区別できるようになる。

世、ＡＩ搭載マシンならそんなことぐらい簡単にできるよと言われそうですが、残念ながらそのような忖度は、ＡＩにとっても簡単なことではありません。たとえば、自動車のブレーキとアクセルを、状況に応じて一つのペダルで利用できると便利なのにと思ったことはないでしょうか。つまり、ＡＩが状況に応じて一つのペダルを自動的にブレーキかアクセルに切り替えることができれば、ドライバーはアクセルとブレーキの区別を考えずに、どちらかが必要になったときに一つのペダルを踏むだけでよいことになり、楽をできます。しかし、このような機能はこれまで実装されていません。なぜでしょうか。

本当のところは自動車メーカーのみが知ることですが、おそらくそれは次に示すような簡単な理由でしょう。一つは、ＡＩがペダル機能の切替えを間違った場合に深刻な事故が起こる危険性が高いこと、そして二つ目は、もしそのような事故が起こった場合、ドライバーではなく、その機能を提供した自動車メーカーの責任が問われることです。このような問題もあり、１００％の正確さが保障されないかぎり、この機能は搭載されないことになります。実際には、１００％の正確さは不可能なので現実的には搭載されない機能と言えます[3)]。人間だって忖度が間違っている場合は多々あるので、ＡＩにそこまで求めることは難しいわけです。

人とマシン——どちらが相手に合わせるべきか？

この議論は、ＨＡＩ（あるいは、ＨＣＩ）の世界では、結構古くからあるものです。それ

3)【Q】あれー。でも最近進展が著しい（とマスコミ等で伝えられている）自動車の自動運転では事情が変わってきてるんじゃ？
【A】確かにそうだね。100％の正確さなんてまったくないのに、公道を走る自動運転車が販売されているね。まだ法整備が追いついていないのが気になるが、米国流のとにかく市場に出して問題が起こればそれから対処を考えるというやり方が、重大事故の起こりえる自動運転でも採られているようで心配だよ。

は、適応ユーザインタフェースに関する論争として知られているものです。適応ユーザインターフェース(adaptive user interface)とは、ユーザに合わせる（適応する）ユーザインタフェースのことであり、マイクロソフトオフィスなどのメニューの順番を入れ替えたりするものです。基本的には、よく使われるメニューアイテムや最後に使われたメニューアイテムをプルダウンメニューの一番上にもっていくというアルゴリズムがよく使われます。わたしたち日本人ユーザがより日常的に使っている適応ユーザインタフェースは、仮名漢字変換です。一般的な仮名漢字変換では、漢字の変換候補が複数ある場合、それらがある順序でリスト表示されますが、その順序を決めているのが「最後に採用された漢字候補を先頭にもってくる」という一種の機械学習アルゴリズムです。そして、リストの先頭にもってくると、ユーザが次からは選択しやすくなるわけです。

　さて、この適応ユーザインタフェースは一見すごく役に立ちそうなので、広く使われていそうですが、実際はそうはなっていません。その原因がHCIのほうでの「システム（＝エージェント）が人間に適応すべきか(adaptive)」か「人間がシステムに適応すべきか(adaptable)」というテーマで論争されています（図2・14）。シュナイダーマンとメイズによる有名な論争[1]では、ユーザの選好（好み(preference)のこと）を学習する究極の適応ユーザインタフェースであるインタフェースエージェントと、ユーザインタフェースはユーザに適応せずに、従来型のユーザインタフェースをよりユーザが主体的に簡単に操作できるようなものに進化させる

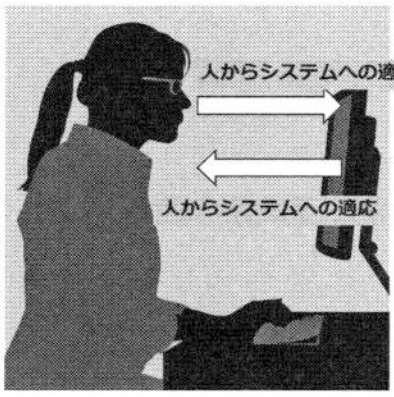

図 2.14　人―システム間の適応

べきだという考え方が対立しています。これは、adaptive と adaptable の対立といえますが、実はいまだに決着がついておらず、現実的にはどちらも必要だという結論が多く見られます。しかし、興味深いのは、なぜ適応ユーザインタフェースだけではダメなのかということです。その大きな理由の一つは、完璧な適応ユーザインタフェース、つまり完全な忖度を実行できる（＝完全なユーザモデル[4)]を獲得できる）ＡＩを作れないということです。つまり、ユーザの意向に沿わない行動をシステムがしてしまうことがある可能性がどうしても残ってしまうのです。

システムから人間への適応を難しくしている原因として、システムからの適応と人間からの適応が干渉することが挙げられます。そして、この現象は簡単に起こります。そしてその背景には、「人間は対象に不可避的に適応する」という仮定があります。残念ながらこのことを直接的に研究した例を知らないのですが、直感的に自明だと思っています。

では、先の漢字変換候補の例で考えてみましょう。仮名漢字変換のような繰り返されるタスクにおいては、人間のユーザは、過去に自分が選択した漢字候補がリストで何番目にあったかを自然に記憶します。それを記憶すると、次にその候補を選択しやすくなるからです。ところが、せっかく覚えた順序の漢字候補を選択しようとカーソル移動をしたら、そこには別の候補があったということが起こります。つまり、適応ユーザインタフェースが機能して、その候補を先頭に移動させてしまったからです。このような状況を「適応干渉」と呼びます[2]。

4）
【Q】「ユーザモデル」って何でしょうか？
【A】ユーザがどんな内部状態なのかを記述したもの、一般的にはそういうプログラムだね。内部状態には、行動メカニズム、感情、忙しさ、知識レベルなど様々なものがあるよ（図2・15）。

もちろん、くり返していくことで、ユーザのほうが適応ユーザインタフェースのアルゴリズムを見抜いてしまい、選択した漢字候補の位置を記憶するという人間からシステムへの適応を止めてしまうことにより、システムのもつユーザモデルと本当のユーザの内部状態との差異（図2・15）を埋めることができ、全体のパフォーマンスを上げることが期待できます。このような場合の人間のシステムへの適応能力はＡＩをしのぐ素晴らしいものがあり、ＨＡＩの研究でも、ごく少しの観察で「前にもってくるアルゴリズム」を見抜くことが知られています[3][4]。

さて、以上の議論は、「人にやさしいマシン」を作るというある意味一方的な考え方に一石を投じることになると思います。これまでの議論は、「人にやさしいマシン」、つまり「システムから人に適応する適応ユーザインタフェース」を作る方向だけでは、現実的な解にならないことを示しています。「人間は不可避的にマシンに適応する」ということをしっかり意識して、「人間からマシンへの適応」、つまり「マシンにやさしい人」を作るという考えをインタラクションデザインに取り込むことなくしては、いつまでも「人に優しい○○」は実用化されないと考えられます。そして、この○○には、ここで採り上げたマシン、システムのみならず、冒頭で触れた様々なもの［街づくり／機械／サービス／福祉／医薬品／住宅／マーク／ロボット／自動車／バス／モノ］が該当するでしょう。言い換えると、人間と関係するシステムを作るときは、システム側から一方的に人間に歩み寄るのではなく、人間の助けを借りたほうがい

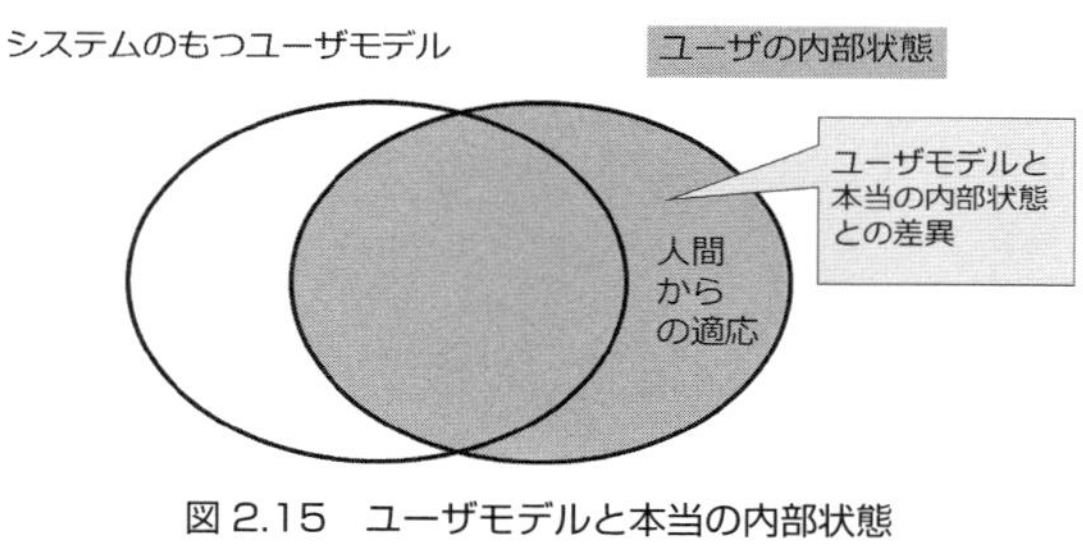

図 2.15　ユーザモデルと本当の内部状態

い部分をしっかり意識してデザインする必要があるということであり、人に頼れる部分は頼るべきなのです。このことは、絵空事ではない人間とＡＩの協調を実現するために基本となる考えですし、マインドインタラクションにも共通するものです。

参考文献

［1］ Shneiderman, B. and Maes, P., Direct manipulation v.s. interface agents interactions, *Interactions*, 4, 42–61 (1997)

［2］ 山田誠二（監著），『人とロボットの〈間〉をデザインする』，東京電機大学出版局 (2007)

［3］ Terada, K., Yamada, S., and Ito, A., An experimental investigation of adaptive algorithm understanding, *Proceedings of the 35th Annual Meeting of the Cognitive Science Society (CogSci2013)*, 1438–1443 (2013)

［4］ Gajos, K. Z., Everitt, K., Tan, D. S., Czerwinski, M. and Weld, D. S., Predictability and accuracy in adaptive user interfaces, *Proceeding of the 26th Annual SIGCHI Conference on Human Factors in Computing Systems (CHI2008)*, 1271–1274 (2008)

2-7　ナッジエージェント――人々を幸福へと導くささやかな仕組み

行動経済学における「ナッジ」とは？

最近、ビジネス書でナッジ(**nudge**)という言葉を頻繁に見かけます。[1)] それもそのはずです。ナッジという言葉は、行動経済学者であるセイラーらが提唱した、人間の行動を「ほとんど気づかないくらいにささやかな方法」で変える戦略[1]のことなのですが、セイラーはこのナッジ研究の業績により2017年にノーベル経済学賞を受賞しています。さらに、行動経済学の他の研究者が、2002年と2013年にもノーベル経済学賞を受賞しているのです。ビジネスマンや一般の方々が注目するのもわかりますね。

なぜこれほどまでに行動経済学が評価されているのかというと、彼らの提案が従来の経済学を大きく変え、さらに、実際の行政の施策やビジネスにもとても役に立つことが明らかとなってきたからです。

従来の経済学では、人間を「ホモ・エコノミカス」(合理的経済人)と考えてきました。つまり、人間は常に合理的で論理的な判断ができる存在であると仮定してきました。しかし、われわれも自分のことを振り返って考えてみると、そんなことはないことがわかりますよね？われわれはときには感情にまかせて意思決定したり、間違いを犯すこともしばしばあります。

1)【Q】ナッジ(nudge)という言葉は、初めて見たなー。
【A】たしかに日本人にはあまり馴染みのない言葉だね。直訳すると「ひじで人を軽く突く」という意味。つまり、人々の行動を強制的に変えるのではなく、少しの刺激を与えることで自発的に望ましい行動を選択するよう促すという意味合いを含んだ用語として使われるね。なんとなくわかるかな。

いわば行動経済学は、一般の人々が当然と思っていることを提唱し始め、研究を進めてきたと言うこともできます。当初、経済学の研究者には認められなかったようですが、徐々に現実の社会問題に適用し、良い解決策を示すことが可能だということがわかり、複数のノーベル経済学賞の受賞につながったようです。

ナッジの具体的な事例

それでは具体的な話に入っていきましょう。そもそも、ナッジとはどのようなものなのでしょうか？　ナッジとは「ほとんど気づかないくらいにささやかな方法」で人々を「良い行動」へと導く戦略であり、これを用いることにより、人々の健康や財産、幸福に関する意思決定を改善することができると言われています。

たとえば、セイラーがあげる事例では、カフェテリア（学食）の料理の配列を変えるだけで、学生は無意識のうちに健康に良い食べ物をたくさん採るようになったのです。つまり、カフェテリアの入り口付近に、サラダなど学生に採ってほしい料理を並べておくだけで、お腹を空かせた学生はもりもりとサラダを食べてくれるようになったのです。学生には当然、選択の自由があり、他の料理を選ぶこともできたのですが、このように食堂のスタッフが料理の配列にちょっと手を入れるだけで学生の健康に良い料理をたくさんとらせることに成功したのです。これがナッジの一例です。

さらにナッジの特徴的な事例が臓器提供希望者の国別の割合に現れています。たとえばヨーロッパでは市民の臓器提供希望者の割合の高い国として、ベルギー、フランス、オーストリアなどがあげられています。これらの国々では、90パーセント以上の市民が臓器提供を希望しています。一方、デンマーク、ドイツ、イギリスでは臓器提供の希望者が20パーセント以下となっています。これまでは、前者と後者の国々の違いは文化差や利他心で語られることが多く、希望者の多い国の人々は温かい慈悲の心を持つと言われてきました。しかし、ナッジにおける「初期値効果」の視点から検討してみると、たんに希望者の多い国では書類の初期設定が臓器提供に「同意」となっており、自分で「非同意」に変更できるようになっていただけなのです。一方、希望者の少ない国では逆に初期設定が「非同意」となっており、自分で「同意」を選べるようになっていたのです。つまり、多くの人々は「現状維持」を好み、初期設定を変えていなかっただけなのです。臓器提供希望者の割合と、国民性や文化差とはあまり関係がないということになります。

ナッジのもっとも有名な事例は、スキポール空港（オランダ）の男子トイレの小便器に描かれた黒い「ハエ」の絵が清掃費の大幅な削減に寄与したことであるとも言われています。男性は無意識のうちに「ハエ」の絵に狙いを定めてしまうのかもしれません（笑）。

ナッジはこのような人間の「習性」を利用して、健康に良い料理をとらせたり、臓器提供希望者を増やしたりするだけでなく、同様の手法で年金の加入者を大幅に増やしたり、省エネを推進することも可能だと言われています。人間の意思決定に「それとなく」影響を与え、人々を健康や幸福に導くという手法は大変興味深いものです。[2)]

ナッジで重要なのは「選択構造」の操作

ここで注意しておかなければならないことがあります。ナッジが無意識のうちに人々をある行動へ誘導してしまうと、ちょっと怖い社会になってしまいますね。

セイラーは、ナッジで重要となるのが「選択構造」であると述べています。それでは、この「選択構造」とは何でしょうか？　選択構造とは、「選択肢を提示する形」のことです。つまり、われわれは何かを決めるとき、常にいくつかの選択肢の中から一つを選んでいるのです。食事をするお店を選ぶとき、テレビのチャンネルを決めるとき、書類に記入するときなど、日常生活の中でわたしたちは常にいくつかの選択肢の中から一つを選んでいるのです。この「いくつかの選択肢」の提示方法が選択構造なのです。

ここで考えてほしいのですが、まったく「客観的」かつ「公平」に選択構造を作るということは不可能です。ある選択構造を作ること自体に必ず「主観的」な判断が入り込まざるをえません。しかし、特定の選択構造の中には、人々の欲望や先入観を利用して、意図的に高額の商品へ誘導するものもあります。このような選択構造の悪用、ひいてはナッジの悪用は防がなくてはなりません。

2)
【Q】ナッジって個々の事例ばかりなんだけど、一般化してモデル化とかできないの？
【A】ホントそうだね。今の研究では、さまざまな事例を集めて、その効果を検証するという段階だね。当然、従来の経済学のモデルと統合して、一般化しようという研究の流れもあるんだけど、まだ目に見える成果とはなっていない。あとで述べる、われわれが取り組んでいる「ナッジエージェント」という研究も、ナッジを環境知能システムとして実現しようという、一般化を目指した取り組みの一つと考えてるよ。

これまで説明してきたナッジはあくまでも選択構造を示し、個々人の選択の余地を残しながらも人々を「正しい行動」へと誘導しようという戦略なのです。ここで「正しい行動」とは、バイアスがかかっていない状態の人々が、「選んだであろう」選択肢のことを指します。このため、経済的な要因（つまりお金）を使った選択構造の操作はしないことが前提であり、公的機関での省エネ対策や臓器提供者の増加を目指した施策などに使われることが多いようです。

ナッジエージェント――**ＨＡＩ技術を用いた人々を健康や幸福へと導く方法**

それでは、本書で紹介している、われわれが行ってきたＨＡＩに関する研究成果を行動経済学のナッジと融合させることはできないでしょうか？　じつは、ナッジを情報システムとして実装することを考えたとき、ＨＡＩの研究成果ととても「相性」が良いことがわかってきたのです。

具体的には、ナッジエージェントを実現するために、本書で紹介するITACOシステム[2]（2-9節）や複数台のロボットを用いた視線誘導の機能[3]を効果的に用いることができるのです。

あるユーザの事例を用いて説明しましょう。いま、病気治療のためカロリー摂取制限を受けているユーザを想定します。エージェントはユーザの選好を学習済みであり、環境内にあるさまざまなメディアやＩｏＴ機器に〝憑依《ひょうい》〟（agent migration、乗り移ること）しながら、ユーザにナッジを提供できるように実装します。

たとえば、図2・16に示すように、エージェントはユーザのウェアラブルPCからレストランのメニューを表示するタブレットに〝憑依〟し、低カロリーメニューの配置やデザインを変更することにより（知覚的コントラストを応用）、ユーザの意思決定に働きかけ、無意識のうちに低カロリーメニューを選択するように促します。さらに別の状況では、エージェントがロボットに〝憑依〟し、共同注意の機構により関係（リズム構造の効果を応用）を構築した後、視線誘導の機能を用いて、ユーザの視線（注意）を高カロリーの飲み物の広告から低カロリーの飲み物へ誘導し、自然にそれを選択するように促すことができます。これらのナッジの実現方法はＨＡＩに関するわれわれの先行研究の知見に基づくものなのです。

2‐9節で述べるように、エージェントがメディアやＩｏＴ機器に〝憑依〟することの利点は、環境内にある「メディアの効果的な利用」とユーザに対する「一貫性のある(consistent)支援」です。つまり、われわれの周りには、音を出すのに向いたメディア、映像を映し出すのに向いたメディアなど、さまざまな特徴を備えたメディアがあります。エージェントが〝憑依〟することにより、これらのメディアの特徴を活かしてユーザにナッジを提供しようとしています。

さらに、ユーザの健康状態や好みをよく知っているエージェントが各種メディアに〝憑依〟することにより、一貫性のある支援を行うことができます。ユーザも安心してナッジを受け入

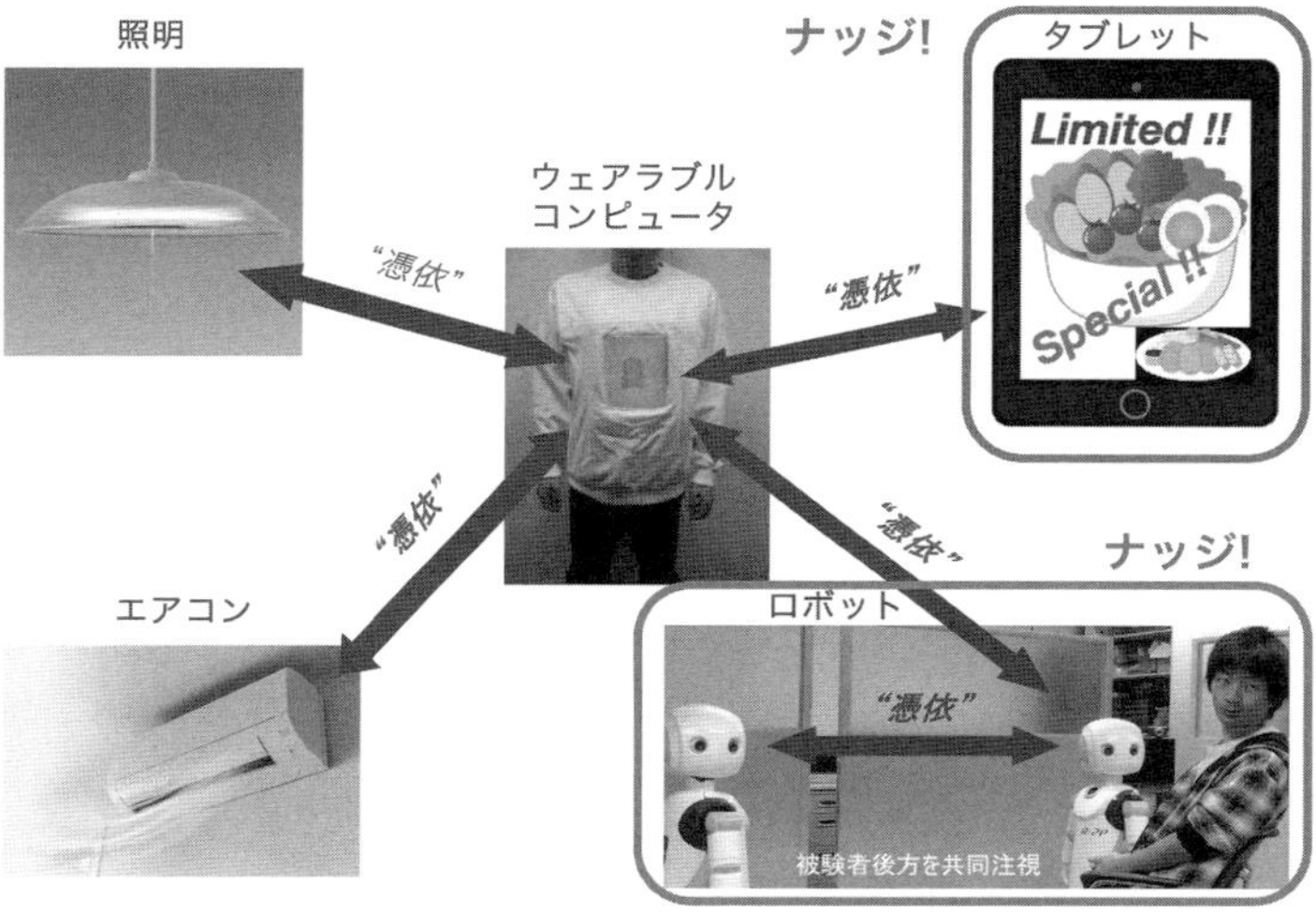

図 2.16　エージェントの"憑依"によるナッジの実装例

れ、無意識のうちに健康によい意思決定を行うことになるだろうと考えています。

HAI技術が人々を〝幸せ〟へと導く

本書「マインドインタラクション」にはAIの時代からココロの時代へと導くアイデアが満載されています。たとえば、本節で述べたHAI技術を用いてナッジエージェントを実現する事例はその典型的なものです。ナッジエージェントにより人々をそれとなく良い行動へと導くことが可能なのですから。

ナッジエージェントはまだ構想段階であり、社会実装へと向けてこれから検討すべきこともたくさんあります。ナッジの悪用による倫理的な問題なども今後、考えていかなくてはならないでしょう。ただ、本書で述べているように、方向性さえ誤らなければ、HAI技術を有効活用することにより人々をウェルビーイング[3)]へと導いていくことができると考えています。

3)【Q】「ウェルビーイング」という言葉はたまに聞くんだけど、どういう意味なの?
【A】「ウェルビーイング (well-being)」というのは、「肉体的にも、精神的にも、そして社会的にも、すべてが満たされた状態」を意味していて、世界保健機関(WHO)[4]が定義している「幸せ」の基準と考えてよい。「幸せ」って少し俗っぽい言葉にも聞こえちゃうけど、ポストAI時代を見据えたときにはさらに重要性を増すと思うよ。だって、人間の最終的な目的でもあるよね。

参考文献

[1] リチャード・セイラー, キャス・サンスティーン著, 遠藤真美訳,『実践 行動経済学』, 日経 BP 社 (2009)

[2] 小川浩平，小野哲雄，「ITACO メディア間を移動可能なエージェントによる遍在知の実現」，『ヒューマンインタフェース学会論文誌』，8(3), 373-380 (2006))

[3] Ono, T., Ichijo, T., and Munekata, N., Emergence of joint attention between two tobots and human using communication activity caused by synchronous behaviors, *Proceedings of the IEEE International Symposium on Robot and Human Interactive Communication (RO-MAN 2016)*, 1187-1190 (2016)

[4] 『世界保健機関 (WHO) 憲章草案』(1946)

2-8　AIロボットって　ガッカリなんですけど

ロボットの外見を科学する

人間の外見、主に身だしなみについて、よく言われることについて、昔からある「人を見かけで判断してはいけない」という考えと、わりと新しい考えである「人は見かけで判断される[1]」という相反するような考えがあります。いずれの考え方にせよ、初対面の相手をどのように評価すべきか、また相手にどのように評価されるべきかという「第一印象」の問題は、ビジネスや日常生活の上で古くて新しい重要問題です。普段は深刻にならずに「第一印象で身だしなみはそれなりに大事かなー」ぐらい軽くとらえておくのが大人の対応ですが、この問題においてわれわれＨＡＩ研究者が注目するのは、「第一印象」そのものではなく、「第一印象での相手の評価」と「実際にインタラクションを持った後の相手の評価」との「差異[2]」です。ここで、「第一印象による相手の評価」は、主に相手の外見、ルックスからくる印象と考えられます。

簡単に言うと、「ぱっと見、ステキー」とか「ぱっと見、仕事できそう」とかいうよくある第一印象です。一方、「実際にインタラクションを持った後の相手の評価」というのは、最初の出会いから次の段階、つまり実際に一緒に仕事をしたり、お付き合いしたりするような

1) 【Q】一昔前になっちゃったけど『人は見た目が9割』（竹内一郎）という本が流行ったみたいだね。
【A】そうだね。ただ、あの本は「見た目」というより、コミュニケーションにおける非言語情報の重要性を指摘しているね。実はそっちの非言語情報のほうが、ＨＡＩの考え方に近いんだけどね。

2) 【Q】「差異」って難しい言い方だな。
【A】そうだね。英語だとdifferenceだから、「差分」、「違い」とかの方がいいかもしれないね。同じように、ＨＡＩやＨＲＩ、ＨＣＩでは、「相互作用」を「インタラクション」、「外見」のことを「アピアランス」、「機械」を「マシン」と呼ぶことがある。意味の違いは、後者のカタカナ言葉はより広い抽象的な意味をもつと考えていい。

交流を始めた（われわれは、「インタラクションを開始する」と言います）後の相手に対する印象、評価です。言い換えると、前者の評価は、本当の力を知る前の相手に対する「期待度**E**」、後者の評価は、経験を通してわかった相手に対する「真の能力**R**」とも言えるでしょう。これらの二つの評価の間に大きな差異（違い）があるとはどういう場合でしょうか。すぐにおわかりかと思いますが、その差異には、性質の異なる二つの差異が考えられます。「期待度」が「真の能力」より大きい場合**E**＞**R**と、逆に「期待度」が「真の能力」より小さい場合**E**＜**R**です[3)]。

HAIにおいて、人間とエージェント（AI、コンピュータ、ロボットなど）の間において、この二つの場合に仮説を立てて、参加者実験で検証した研究があります。そこでの仮説は、適応ギャップ仮説と言われる、次のようなものです。適応ギャップ**G**自体は、**G**＝**R**－**E**、つまり「期待度**E**」と「真の能力**R**」の差異**G**で表すことにします。

- **負の適応ギャップG＜0**　「期待度」が「真の能力」より大きい場合**E**＞**R**。この場合、人間はエージェントに失望して、インタラクションは継続しない。つまり、すぐにエージェントを使わなくなってしまう。
- **正の適応ギャップG＞0**　「期待度」が「真の能力」より小さい場合**E**＜**R**。この場合、インタラクションを通じて、エージェントが期待以上に有能なことを人間は知り、嬉しい誤算を感じて、インタラクションを継続していく。つまり、エージェントを使い続けていく。

3）
【Q】「期待度E」や「真の能力R」って、具体的にはどんな感じなの？　数値なの、ベクトルなの？
【A】コラム「理想的な研究環境」でも登場する株式会社 国際電気通信基礎技術研究所ATRでこの研究について講演したときもそういう質問があったよ。あと、差の演算は定義されているのかとか。これについては、ベクトルでもスカラーでもドメイン依存で決めてもらえればいいですっ、差の定義も同じ、と少し冷ために答えたかな。本質的な問題じゃないと思ったからね。

「失望しちゃった，
もういいや」

「意外といいな．もう少し，
付き合ってみよう」

G < 0：R < E　　G < 0： R > E

図 2.17　適応ギャップ

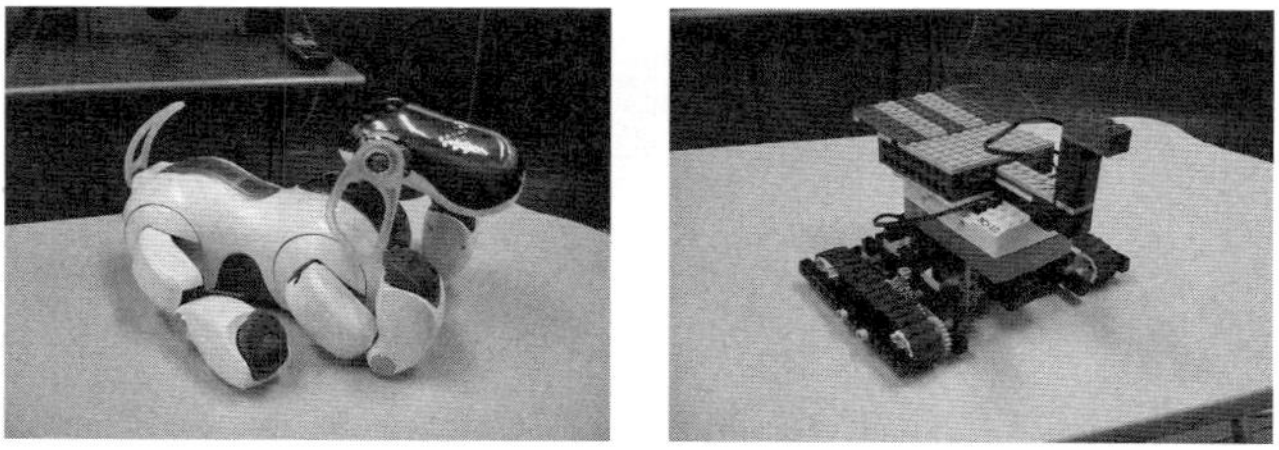

AIBO（Sony）　　マインドストーム（LEGO）

図 2.18　実験で使われた二つのロボット [1]

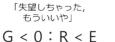

ここでは、人間のユーザがあるエージェントを初めて利用する状況を想定しています。適応ギャップの説明で、よく使うイメージ図は図2・17のようになります。ここで用いているエージェントの例は、ロボットです。ロボットにも様々な種類があって、ロボットアーム、移動ロボット、ヒューマノイドロボットなど、日本では世界をリードするロボットの研究開発が活発です。その中で、ヒューマノイドロボットのうち、外見を人間に近づけたロボットは「アンドロイド[4)]」と呼ばれ、科学博や展示会などのいろいろなイベントでも引っ張りだこの人気者です。そのようなアンドロイドで典型的に見られる光景の一つにこんなのがあります。人間（特に、子供たち）が自分たちと同じような能力をもつと思って、つまり高い「期待度」をもって、ロボットに近づいて行くのですが、何度かのやりとりの後に、話しかけても簡単な会話もまともにできないロボットの現実を知って「真の能力」に至った後に、がっくりきて去ってしまうという光景です。この光景が、まさに負の適応ギャップが生じている現象と言えるでしょう。

適応ギャップは、実験参加者による心理学実験でも検証されています[1][2]。その実験においては、まず見かけの違う二つのロボット（ここで用いられたのは、犬の外見をもつAIBOとLEGOブロックの外見をもつマインドストームロボット（図2・18））を用意して、外見を見ただけで、AIBOとLEGOそれぞれに「高い期待度」、「低い期待度」（「期待度」は能力を表す確率です）を感じることを確認しておきます。そうして、参加者には、3択問題をくり返し

4）【Q】こういうアンドロイドは、SF映画でもよく出て来るよね。
【A】うん、たくさんあるねー。日本人はアンドロイド好きだしね。でも、正直いって、AIやロボットをテーマとした映画はつまらないものが多い。数少ないお勧めは、『ブレードランナー』、『アンドリューNDR114』、『GHOST IN THE SHELL／攻殻機動隊』、あともちろん古典の最高傑作『2001年宇宙の旅』、それから最近だと『インターステラー』がよかったね。

解いてもらい、毎回ロボットがアドバイスを与えるようにします。アドバイスは、二つのどのロボットについても同じ確率（これが、「真の能力」）で当たるようにしてあり、参加者は3択問題を繰り返すことで、ロボットがどの程度正しいアドバイスを言っているのかを推定していきます[5]。同時に、参加者がロボットのアドバイスに従って選択をした率を記録し、事前の実験で、ロボットへの期待度が高かった参加者グループと低かった参加者グループにおいて、アドバイスに従った率に違いがあるかを統計的検定により調べました。

このとき、「高い期待度」＞「真の能力」＞「低い期待度」という不等式が成り立つように、三つの確率を設定しておくところがミソです。その結果、ロボットへの期待度が低かった参加者グループでは、「期待度」が低く、「真の能力」はそれより高いという「正の適応ギャップ」が成り立ちます。逆に、ロボットへの期待度が高かった参加者グループでは、期待度が高く、真の能力はそれより低いという「負の適応ギャップ」が成り立つことになります。統計的検定の結果、ロボットのアドバイスに従った率の平均は、正の適応ギャップのグループのほうが負の適応ギャップのグループよりも統計的有意に高かったというものでした[1]。この結果は、先の適応ギャップ仮説を支持するものとなっています。

5)【Q】そんなややこしそうな推定を普通の人がやってるのかな？　数学得意な理系出身のITオタクだけじゃないの？

【A】意外とそうでもないんだよね。簡単に言うと、たとえばパチンコ屋に行って、ちょっとずつ玉を打ちながらよく出るパチンコ台を探すよね。そのとき、どれぐらい厳密にやってるかは別として、とにかく各パチンコ台の出玉の確率を推定しているわけだ。そう考えると、この実験でも確率推定しそうでしょ？

適応ギャップは日常的

ちょっとややこしい話になりましたが、考えてみればこの適応ギャップ仮説は、人間同士ではごく当たり前に見られる現象かもしれません。たとえば、初対面の人と仕事をする場合に、第一印象はできる人だと思って一緒に仕事を始めたら、そうでもなかった場合は失望が大きく、場合によっては一緒に仕事をするのを止めてしまうかもしれません。また、逆に第一印象はイマイチかなと思っていたのに、仕事をしてみると思ったよりずっと良かったという場合は、仕事を続けていくことでしょう。このような現象は、心理学では「ゲインロス効果(gain-loss effect)」と呼ばれているもの[3]であり、最初はマイナスの印象で後でプラスの印象を与えるほうが相手により大きなプラスの印象を与えるということが示されています。人間と人間の間ではわかっていたこの現象を人間とエージェント間でも成り立つことを示したのが、「適応ギャップ」と言えるかもしれません。

この研究の示唆することは、ＡＩシステムやロボットを初めとするようなエージェントを作るときは、初対面のユーザに対して実力以上に自分をよく見せようとしても、すぐに化けの皮が剝がれて、その後のエージェントとユーザの関係が悪くなるということです。つまり、できれば外見などを実力以下に見せるほうが今後の良い関係を継続できるのです。このことは、人間のユーザに長く使ってもらえるエージェントをデザインする際の設計指針となります。

この議論については、スターウォーズのC3POとR2D2のどちらのアピアランスがいいのかが、例としてよく使われます。当然、それほどリアルではないですがC3POはヒューマノイドロボットなので、移動ロボットっぽいアピアランスのR2D2よりも初対面での期待度が大きいと考えられます。よって、適応ギャップを正にするには、C3POよりR2D2のほうがアピアランスとして適していると考えられます。ただ、あまりにバカっぽく見える、メカメカしい外見のロボットやエージェントでは、ユーザとの信頼関係が構築できずに、たとえばアドバイスをまったく聞いてもらえないということになるので注意が必要です。この点でも、R2D2のアピアランスはいい線をいっていると思われます。実際のデザイナーがそんなことを考慮していたとは思えませんが。

第一印象での評価に影響する要因として、エージェントのアピアランス、要するにルックスが挙げられますが、おそらく他にも色々な要因があると考えられます。人間の場合は、あまりいいこととは思えませんが、年齢、学歴、職歴、生い立ちなどの経歴が影響するでしょう。[6] これが、人工物であるエージェントだと、製造メーカー、販売日時、製造国などになるでしょう。つまり、信用できるメーカーの製品だと、期待値が高いということですし、反対にその期待を裏切ってユーザを失望させる可能性も高いということになります。これは、衰退するメーカーでよく見られる現象ですよね。

6）【Q】ということは、学歴詐称はどんな感じ？
【A】学歴詐称は適応ギャップ的にも最悪だね。やはり、「能ある鷹は爪を隠す」というのが鉄則じゃないかな。

参考文献

〔1〕 Komatsu, T., Kurosawa, R., and Yamada, S., How does the difference between users' expectations and perceptions about a robotic agent affect their behavior?, *International Journal of Social Robotics*, 4, 109–116 (2012)

〔2〕 小松孝徳，山田誠二，「適応ギャップがユーザのエージェントに対する印象変化に与える影響」，『人工知能学会論文誌』，24(2), 232–240 (2009)

〔3〕 Aronson, E. and Linder, D. E., Gain and loss of esteem as determinants of interpersonal attractiveness, *Journal of Experimental Social Phychology*, 1, 156–171 (1965)

2-9　ITACOエージェント——家電に〝憑依〟するエージェント

〝憑依〟するエージェントとは？

いま夢のようなエージェントシステムが完成し、実際に人と一緒に生活できるようになったとします。みなさんはどのような生活を思い浮かべるでしょうか？　妖精のように身の回りを飛び回り、わたしたちを助けてくれたり、いたずらをしかけてくるような存在を想像するでしょうか？

わたしたち（小野の研究チーム）が研究開発を行ってきたITACOシステムでは、ユーザの趣味や嗜好を理解しているエージェントが環境内にある家電や電気製品、たとえば、パソコン、エアコン、スマホ、スタンドライトなどさまざまなメディアに〝憑依〟することにより、ユーザに対して文脈に応じた適切な支援（たとえば、道案内における情報提示やユーザの好みに応じた家電の操作など）を行うというものです（図2・19）[1]。何か手助けしてほしいときに突然そばに現れて、近くのメディアを有効に使いながら、ユーザを助けてくれるのです。秘密を守る、口の堅い友人のような存在なので、セキュリティについても安心です。

図2・20を用いて、ITACOエージェントをもう少し具体的に紹介しましょう。いまエージェントがパソコンのディスプレイ上にいて、ユーザと音声対話をしているとします。ここで、

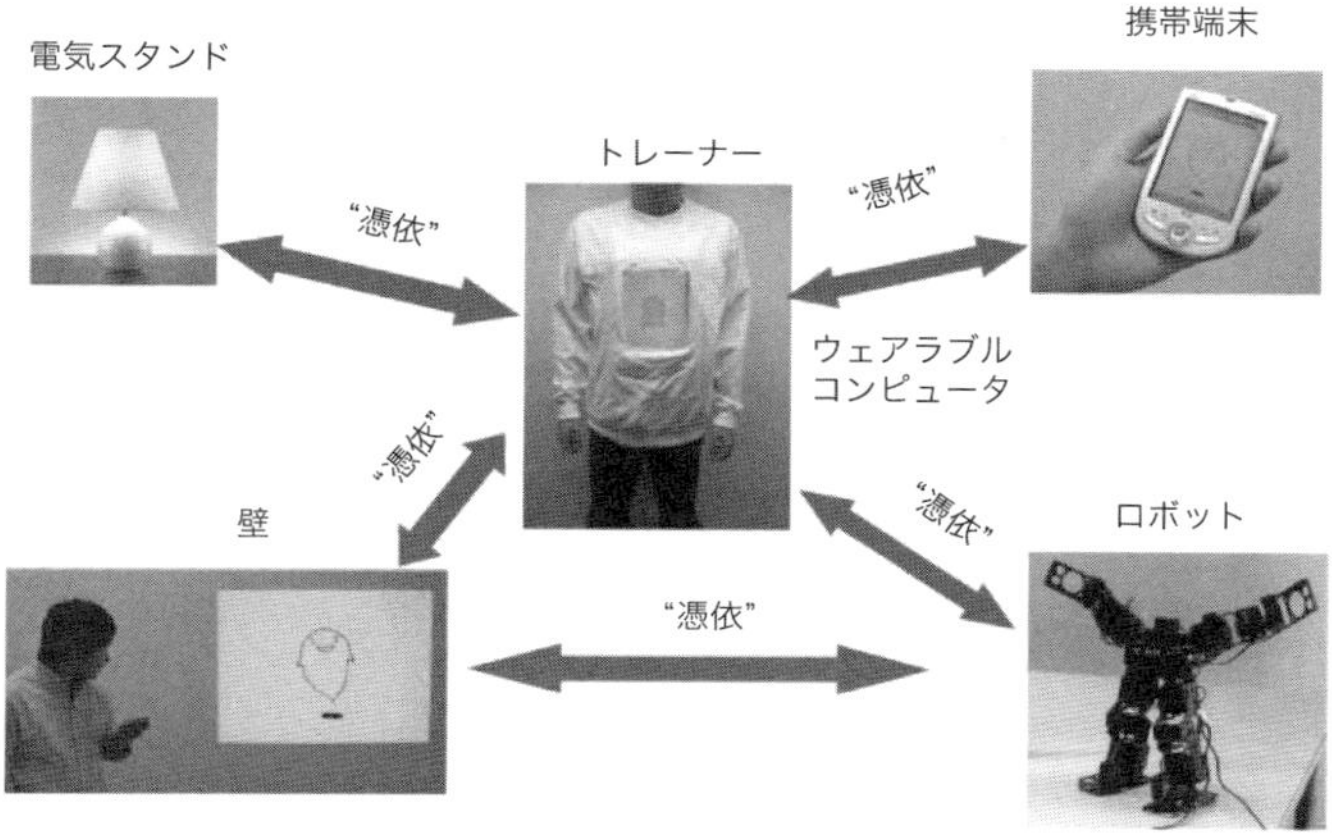

図 2.19　ITACO エージェントのコンセプト

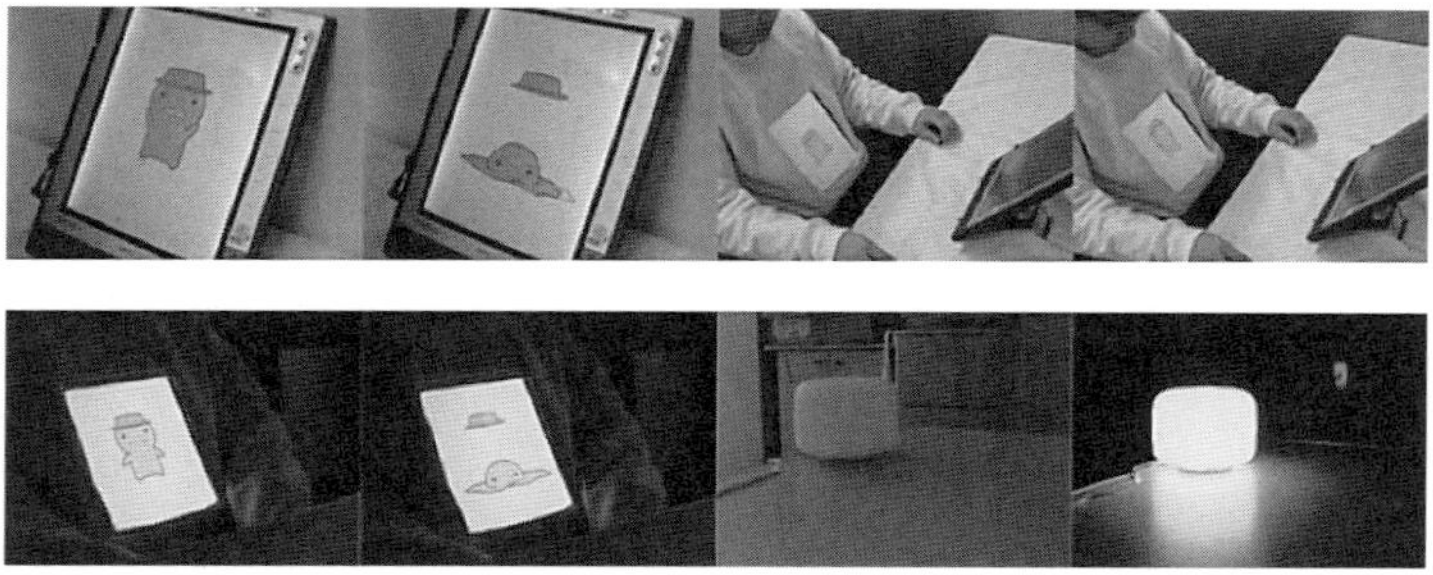

図 2.20　タブレット PC からウェアラブル PC へのエージェント移動（上段、左から右）とウェアラブル PC からテーブルランプへのエージェント移動（下段、左から右）

ユーザが外出しようとすると、エージェントはディスプレイからユーザの服に装着されたウェアラブルコンピュータに〝憑依〟して一緒に外出し、ユーザが道に迷った場合は道案内のための情報提示などの支援を行います（図２・20上段）。さらに、ユーザがたまたまホテルの暗い部屋に入ったとすると、エージェントは環境に埋め込まれたセンサから明るさの情報を読み取り、部屋にあったテーブルランプに〝憑依〟して、ユーザの好みに応じた部屋の明るさになるように機器を操作します（図２・20下段）[1)]。

このITACOエージェントがメディアに〝憑依〟する理由は、日常的なインタラクションをとおしてユーザの選好や価値観などをよく理解しているエージェントが、状況に応じたさまざまな支援をユーザに適した形で行うためです。みなさんもこういうエージェントを使ってみたいと思いませんか？

〝憑依〟の認知的な意味とは？

ITACOエージェントがメディアに〝憑依〟するとどんなことが起こるのでしょうか？　結論から言うと、実験の結果から、人は自分の慣れ親しんだエージェントが〝憑依〟したメディアに対して親近感や信頼感を持つようになります[1]。つまり、他のメディア上にいたエージェントとインタラクションを行うことにより、エージェントに対して親近感を持ち、信頼関係を築くと、エージェントが〝憑依〟した先のメディアに対してもこれらの感情が引き継がれるこ

1）【Q】ITACOシステムにおけるエージェントのメディアへの〝憑依〟は、恐山のイタコの口寄せが思い浮かぶんだけど関係あるの？
【A】まったく関係ないよ、偶然の一致（笑）。ITACOは実装したシステムの名前InTegrated Agent for COmmunicationの頭文字をとっただけだよ。

とがわかりました。わたしたちはこの現象を「関係の継承」と呼んでいましたが、とても興味深い人間の認知機能だと思います。

モノに心が宿るという考え方は、アニミズム（汎霊説や精霊信仰）と呼ばれ、日本では「八百万の神」の考え方が近いと思いますが、それがエージェントを介してモノからモノへと継承されていくことを実験で示したのはおそらく世界でも初めてではないかと思います。[2)] 当然、フィクションや映画の世界では既にあったと思いますが。

ITACOエージェントの〝憑依〟における認知現象について、もう少し詳しくみてみましょう。実際には、わたしたちは二つの実験を行いました。

ITACOエージェントの実験1――ロボットに急に話しかけられても…

まず1つ目の実験を簡潔に紹介します。人は通常、ロボットから急に話しかけられても、すぐに自然な受け答えをすることが難しいと思います。街角で自分がロボットに話しかけられた場面を想像してみてください。それではなぜ人はロボットとのインタラクションを円滑に行うことができないのでしょうか？

実験1では、ロボットが唐突に実験参加者にある依頼をした場合、ロボットの依頼が被験者に伝わるかどうかを調べました[2]。実験ではまず、実験参加者にパソコン上のエージェントと遊んでもらって、エージェントに十分に慣れ親しんでもらいました。その後、ロボットが実験

【Q】2) アニミズムって不思議だけど、わたしは本当に生物・無機物を問わずすべてのものに霊魂が宿っているように思ってしまいます。わたしは異常でしょうか？

【A】まったく正常だよ。アニミズムは最初、イギリスの人類学者であるE・B・タイラーが提起したように、原始的な未開社会に関する考察から生まれてきたんだ。当初は、キリスト教が先進的なもので、アニミズムは遅れた考え方との偏見もあったんだよ。でも、東洋人にとってはごく自然な感じで受け入れられる考え方だよね。本書でも、1-5、1-6、2-2が関係する内容なので、もう一度読み直してみてね。

参加者に近づいたとき、実験参加者と遊んでいたパソコン上のエージェントがロボットに備え付けられたディスプレイへ〝憑依〟するのです。

実験結果を見てみると驚くような結果になっていました。ロボットはとてもわかりづらい合成音声で、「ゴミ箱をどけてください」と実験参加者へ話しかけます。ゴミ箱はロボットの進行方向にあり、邪魔で進むことができません。

このとき、実験参加者が慣れ親しんだエージェントがロボットへ〝憑依〟した条件では、ロボットのわかりづらい発話はきちんと理解され、ほとんどの実験参加者はゴミ箱をどけてあげました。一方、エージェントがロボットへ〝憑依〟しなかった条件では、ロボットの発話は同じ音声ファイルであるにもかかわらずほとんど理解されず、ゴミ箱をどけることもなかったのです。両条件とも同じ音声を用いていたにもかかわらず、この違いはどうして起こったのでしょうか?

この実験では、実験参加者にとってロボットは最初、自分とは「関係のない」メディアでした。しかし、自分が慣れ親しんだエージェントがロボットへ〝憑依〟する条件では、実験参加者とロボットの間に何らかの「関係」が構築されたのです。このため、実験参加者はロボットのわかりづらい発話を「能動的」に聞き取ろうとしたため、音声を理解することができ、ゴミ箱をどけてあげたのです。一方、エージェントが〝憑依〟しなかった条件では、実験参加者にとってロボットは最初から最後まで「関係のない」メディアのままでした。このため、自分からロボットの発話を聞き取ろうともせず、そのままやりすごしてしまったのです。

この実験から、人とロボットのコミュニケーションでは、「音声の質」よりも両者の「関係」が重要であることがわかります。言い換えると、相手をコミュニケーションの対象とみなし、能動的に関わる姿勢が重要なのです。つまり、人とロボットのコミュニケーションでも、音声そのものと同等、いやそれ以上に、その文脈（コンテクスト）を捉える「ココロ＝マインド」の重要性が明らかとなったのです。そして、ここで重要な参加者とロボットの「関係」と言っているものは、参加者とロボットの間のマインドの関係、まさにマインドインタラクションと呼べるものなのです。

ITACOエージェントの実験2 ——家電に対する愛着と喪失感

次に、二つ目の実験を簡潔に紹介します。実験1ではエージェントがロボットに〝憑依〟しましたが、実験2では環境内のメディアへ〝憑依〟することによって、人とメディアの間に親近感をともなう関係を構築できるかどうかを検証しました[1]。

実験手続きの概要は、以下のとおりです。まず実験参加者はパソコン上のエージェントとインタラクションを行い、エージェントに慣れ親しんでもらいます。その後、インタラクションを行っていたエージェントが実験参加者の胸のウェアラブルPCへ〝憑依〟します（図2・19）。次に、実験参加者が薄暗い別の部屋へ移動した後、エージェントが胸のウェアラブルPCからテーブルランプへ〝憑依〟し、電気をつけて部屋を明るくしてくれます。ここからが具体的な実験の手続きとなります。しばらくした後、実験協力者がその部屋に入り、テーブルランプのスイッチを切るように実験参加者に依頼するのです。テーブルランプには可愛がっていたエージェントが〝憑依〟しているにもかかわらず、無情にもスイッチを切るように依頼するのです。

テーブルランプのスイッチを切ると同時に、エージェントも消えてしまいます。この際の実験参加者の狼狽ぶりはびっくりするほどでした。テーブルランプのスイッチを再度入れてもエージェントは戻ってこないため、胸のウェアラブルPCを確認したり、周りにあるPCを確認して、自分の可愛がっていたエージェントが〝憑依〟していないかずっと確認していました。

実験後に実験参加者に記入してもらった質問紙からも、エージェントを失ったことに対する実験参加者の喪失感を読み取ることができます。「私は大変なことをしてしまった」とか、「可愛がっていたエージェントを永久に失ってしまった」とか書かれていました。いえいえ、あなたのしたことは、テーブルランプのスイッチをオフにしたことだけなのですが…。[3)]

エージェントの〝憑依〟がわたしたちの生活を変える

現在、わたしたちが家電や電気製品を使っているうちにその外観が変わってしまうというこ

【Q】[3)] ITACOエージェントの〝憑依〟の効果にはびっくりだ。ここでの実験参加者は情報リテラシーが低い人たちなんでしょ？ それならば実験結果にも納得するね。
【A】いやいや、この実験に協力してくれた実験参加者は、情報工学を専門にしている大学生だったんだよ。つまり、コンピュータやネットワークの仕組みは十分に理解している人達だね。それなのにどうして、テーブルランプに乗り移ったエージェントに喪失感を持ったりするんだろう。まだ、詳細な認知的メカニズムはわからないけど、おそらく脳内にこれらの現象を意味付ける部位があるのではないかと言われてるよ。

とはありません。ほぼ同じ外観であるにもかかわらず、エージェントが〝憑依〟するかしないかで実験1と2で述べたように人の印象は大きく変化し、同時にその後のコミュニケーションも変化するのです。「メディアの等式」の研究（1-6節）が述べていたように、人間は無意識のうちに人工物を社会的存在とみなし、人間に対してとるような行動を人工物に対してもとってしまうのです。故障して映らなくなったテレビに文句を言い、パソコンを擬人化して名前を付けるなど、このような例は枚挙にいとまがありません。

このような人間の能力を有効に使い、新しい時代の人間と家電や電気製品の関係を、エージェントの〝憑依〟という観点から考えることはできないでしょうか？　家電や電気製品の外観は変わりませんが、エージェントを活用することにより、人間と家電や電気製品など人工物との関係は大きく変わるのです。「マインドインタラクション」で強調している「ココロの時代」の到来が、今後、人間と人工物の間の関係を変えていくでしょう。

参考文献

[1]　小川浩平，小野哲雄，「ITACO メディア間を移動可能なエージェントによる遍在知の実現」，『ヒューマンインタフェース学会論文誌』，8(3), 373–380 (2006)

[2]　Ono, T. and Imai, M., Reading a robot's mind: a model of utterance understanding based on the theory of mind mechanism, *Proceedings of Seventeenth National Conference on Artificial Intelligence (AAAI2000)*, 142–148 (2000)

2-10　プラクティカル・マジック――理由が付けば安心

電気製品との付合い方とは？

わたしたちは、スマホを思いどおり操作できないといつもイライラしてしまいます。また、電気製品が壊れたり、誤動作すると、思わずその製品を叩いたりするなどの暴力行為（？）をはたらいてしまいます。さらに、ビルに入ろうとして自動ドアが開かなかったり、トイレで手を洗うとき、センサが手を認識してくれなくて水が出ないと少しイライラしてしまいます。

でも、少し視点を変えるだけで、わたしたちは電気製品やセンサを備えたインタラクティブシステムと良い関係を築くことができるのです。さらにそれは人間関係にも応用することができるのです。この節では、われわれ（小野の研究チーム）の研究成果にもとづいて、そのような方法を紹介しましょう。

スマート情報環境とは？

「スマート情報環境」という言葉を新聞やインターネット上でご覧になった方もおられることと思います。簡単に言うと、われわれの生活している環境を賢くして、われわれが生活しやすくなるようにサポートしてくれるシステムのことです。近年、情報技術の進展により、ネットワークに接続されたセンサやアクチュエータ[1]が生活環境の至るところに設置されるようになったため、それらを有効に使い、人間の生活をより豊かなものにすることを目的としています。たとえば、仕事を終え、疲れて自宅に帰ってくると、それを見越していたかのようにお風呂が沸いていて、食事が用意されているとうれしいですよね？　そのようなことを実現してくれるシステムだと考えてください[2]。

しかし、話はそう簡単には進みません。スマート情報環境を構築し、理想的なシステムを実現することは非常に複雑で容易には実現できないのです。たとえば、もっとも単純なシステムとして、「自動ドア」を考えてみましょう。自動ドアは人がビルに入ろうとしていることを認識したときにドアを開ければよいので、とても簡単なシステムのように思ってしまいがちです。しかし、ここで、人を「認識する」といっても、人には体の大きい人から小さい子どもまでさまざまな人がおり、一様ではありません。これまでにも、子どもが自動ドアに挟まれる事故も起きています。

さらに、「ビルに入ろうとしている」ことの認識はもっと難しくなります。たとえば、歩道を歩いていてビルの前を横切る人が近づいて来ても、自動ドアは開かないようにしてほしいですが、ビルに入ろうと思い歩道を歩いてきた人との区別はとても難しいものになります。他人が何かをしようとしている「意図」の認識は大変難しいものであり、人間もよく誤認識をしてトラブルを引き起こしてしまいます。将来的に、人の動作を認識するセンサが高度に発達して

1）
【Q】「センサ」はよく聞くけど、「アクチュエータ」って何？
【A】「センサ」が環境を認識する目や耳だとすれば、「アクチュエータ」は環境にはたらきかける手や足だと考えるとわかりやすいかな。自動ドアの場合、人を認識するのがセンサで、実際にドアを開けてくれるモーターがアクチュエータだよ。

2）
【Q】「スマートハウス」ってあまり成功しなかったと聞いてるんだけど。
【A】厳しい指摘だね。スマートハウスは、ジョージア工科大学で作られたAware Homeが最初だと思うね。その後、日本でもトロン電脳住宅やＨＩＩハウス（松下電器産業）などが作られたけど、たしかに、一般の住宅にまで普及したかというと、そうはならなかったね。理由はいろいろあると思うけど、

も、この誤認識はおそらくなくなることはないと思います。それでは、この誤認識を前提に、わたしたちは未来のスマート情報環境はどのように構築していけばよいのでしょうか？

ハードウェアの問題というよりも、人が暮らしやすい環境を作るためのソフトウェアの問題のほうが大きかったんじゃないかな。

人同士のコミュニケーションではどうやってイライラ感を解消している？

人間は「ココロを読む」というすばらしい能力を持っています。他の人の行動を少し観察するだけで、その人の考えていること（ココロの状態、志向）や何をしたいのか（意図、目的）などをかなりの正しさで推測することができます。霊長類、特にチンパンジーも同様の能力があるのではないかという研究[1]もあり、いまだに議論が続いています。すでに触れてきたように、このような他者のココロの状態を推測する機能は「心の理論」と呼ばれています。この機能を用いて、人間は他人にもココロが宿っているとみなすことができ（他人へのココロの帰属）、他人のココロのはたらきを理解することができ（心的状態の理解）、そして他人の行動を予測することができるのです（行動の予測）。

つまり、人同士のコミュニケーションでは、Aさんは短気だから、まあ怒っても仕方ないかと思ったり、Bさんは論理的なので、あまり感情に流されずに判断するだろうと思ったりします。たまには予測が外れることはありますが、普段の生活では、多くの場合、そんなにイライラせずにやっていくことができています。これはすでに述べたように、「心の理論」という人間の持つ機能が、あの人はああいう人だから仕方がないだろう、という「理由」を付けてくれるからなのです。そして、多くの場合、その予想は当たってくれます。つまり、人間は「理由」を付けることで安心して、イライラ感を解消させているのです。

それならば、人間と電気製品やスマート情報環境との間にも同じような「理由」を付けてあげればよいのではないでしょうか？ それを実現したのが、本節で紹介する「プラクティカル・マジック」なのです。

「プラクティカル・マジック」とは？

先ほど述べたように、スマート情報環境のもっとも大きな問題は、センサやアクチュエータの誤動作によって室温が変化したり、明かりがついたりしたときのシステムに対する不信感や不快感なのです。こんなとき、人とスマート情報環境の間にインタフェースロボットを仲介させてはどうでしょうか？ つまり、スマート情報環境とインタフェースロボットの長所を活かして、お互いの短所（問題点）を解決して、ユーザを含めた三者間の調和的なインタラクションモデルを構築するのです。われわれはこのモデルをプラクティカル・マジック（practical magic）と呼んでいます[2][3)]。

具体的には、プラクティカル・マジックでは図2・21のように可愛らしいインタフェースロボットを仲介させることで、スマート情報環境のセンサとアクチュエータが行った自動的な賢い仕事の成果をロボットのはたらきにしてあげるのです。ユーザは可愛いロボットに対して、

3)
【Q】最近、「萌え家電」というの聞いたことがあるんだけど。
【A】1-5節の文献[3]でも触れてるけど、大和ハウスとソニーCSLが共同で研究しているプロジェクトのことだね。エージェント（キャラクタ）を介して家電を操作するという意味ではここで紹介しているプラクティカル・マジックと似ているね。でも、あとで述べる、因果性知覚や原因帰属というメカニズムを人とエージェントのインタラクションに用いている点では異なる研究と言えるな。

さらに愛着を持つようになります。その代わり、スマート情報環境がたまに起こす不快なエラーも可愛いロボットのせいにしてしまうのです。ちょっとかわいそうですが、その分、これまで賢い仕事をやって培った愛着の蓄積がありますからまったく問題ありません。

スマート情報環境の賢い仕事の成果をロボットに貯金して、たまに起こるエラーもロボットに支出させる。このことをとおして、ユーザを含めた三者間の調和的なインタラクションモデルを構築するのです。このメカニズムの基礎にあるのが、「因果性知覚」という考え方です。因果性知覚は難しい言い方をすると、「二対象の動きを原因と結果の関係として知覚すること」であり、情報提示方法の変更により、簡単に人間に引き起こすことができるのです。たとえば、図2・22に示すようなラウンチング効果があります。人間はこの図を見ただけで、あたかも左からボールがぶつかって、止まっていたボールが弾き飛ばされたような因果関係を知覚してしまうのです。そして、人間は「理由づけ」を行い、安心してしまうのです。

具体的には、この研究の実験では、ロボットはアクチュエータが自律的に動作する直前に、何もしない（Silent 条件）、音声だけを発する（Only Sound 条件）、動作とともに音声を発する（Motion & Sound 条件）のいずれかの行動を行いました（図2・21）。実験の結果、ラウンチング効果により、実験参加者は Motion & Sound 条件において、アクチュエータの動作はロボットが操作したものだと考え、しだいにロボットに対して愛着を持つようになりました。

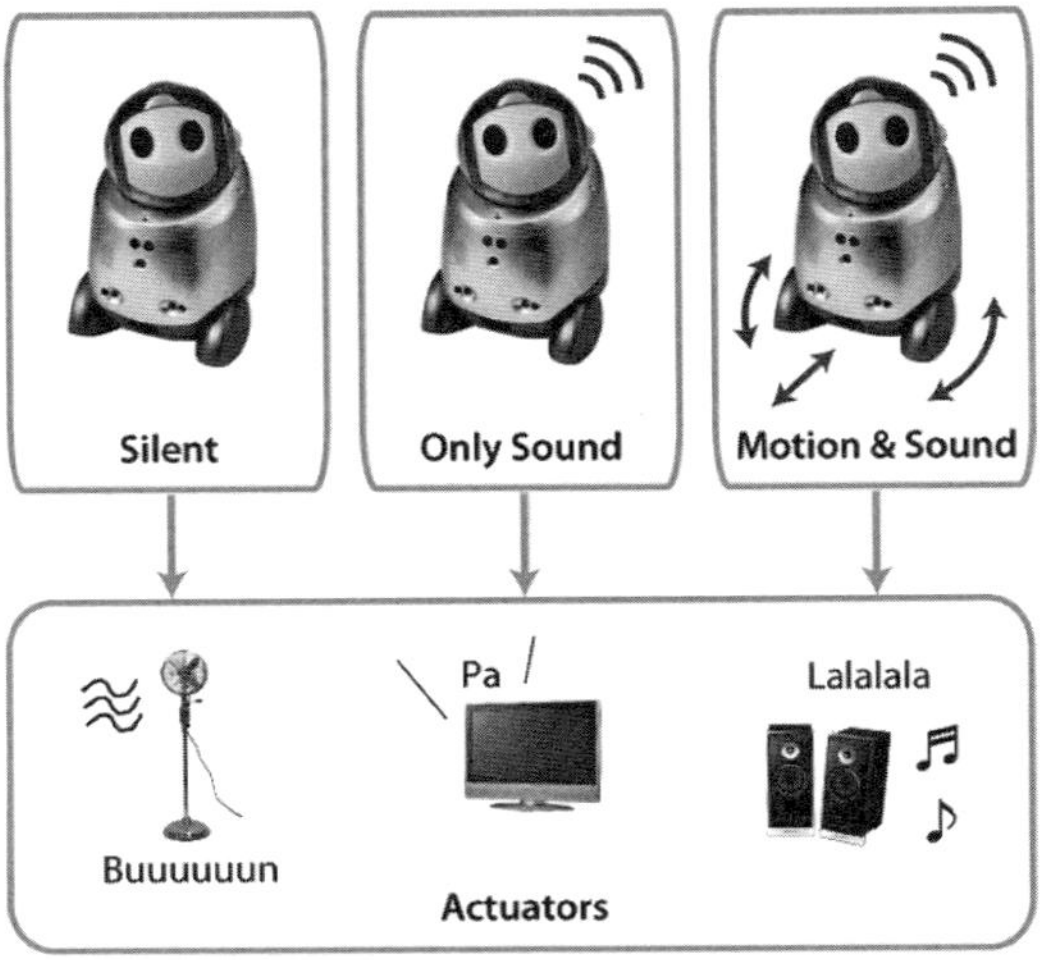

図 2.21　実験に用いたインタフェースロボットの動作 [2]

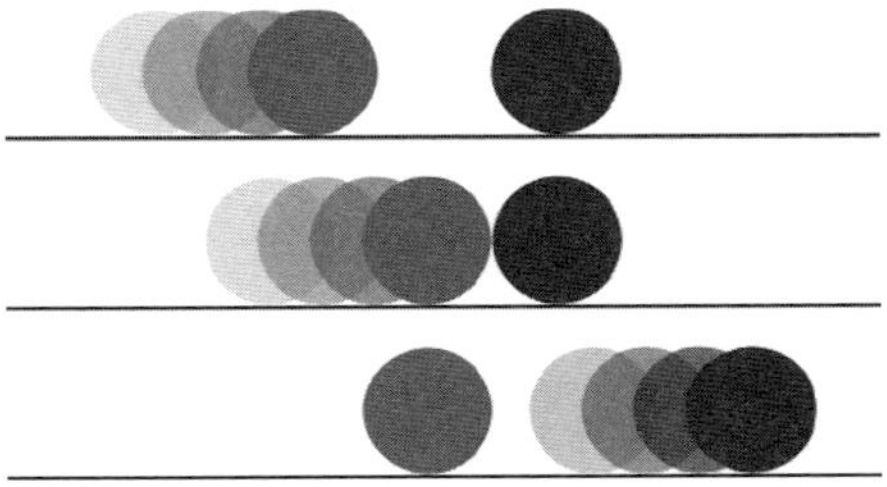

図 2.22　ラウンチング効果 [2]

人間は理由が付きさえすれば安心できる！

このように、人間の特性をうまく使うことができれば、人間は理由を付けることができ、勝手に安心してしまうのです[4)]。

これを適用できるのは、スマート情報環境とインタフェースロボットだけではありません。多くの電機製品に応用できますし、さらに、人間同士の「人付合い」にも応用できることは自明でしょう。ぜひ、「プラクティカル・マジック」をいろいろな場面に応用してみませんか？

参考文献

[1] Premack, D. G. and Woodruff, G., Does the chimpanzee have a theory of mind?, *Behavioral and Brain Sciences*, 1(4), 515-526 (1978)

[2] 駒込大輔，小野哲雄，「Practical Magin スマート情報環境との間に因果性を形成するインタフェースロボットの動作設計モデル」，『電子情報通信学会論文誌 A』，J92, 828-839 (2009)

【Q】4) 人間は理由さえ付けば安心できるというのはすごくわかる！

【A】実感としてわかるよね。心理学には、認知的不協和理論というのがあって、人間は矛盾した認知を保ち続けるのは不快なので、原因の帰属先を変えることでそれに対応したりするよね。よく聞く話に「恋の吊り橋実験」というのもあるね。揺れる吊り橋の上を歩いていると怖くてドキドキしてしまうのだけど、そのときに女性に話しかけられると、あっ僕は女性から話しかけられたのでドキドキしているのかと違う原因を見つけて納得してしまうという有名な話。

研究に必要なもの――それは“ロールモデル”

大学や研究所の研究環境で大事なものはなんでしょうか？ 1990 年代には，コンピュータネットワークの発達やデジタル化の到来で，今後はどんな田舎に住んでも高速インターネット回線を使うことで，都会と変わらない仕事環境が実現できると言われたものでした．ところが，実際には逆のことが起こっているように見えます．ビジネスの世界では，富，情報，起業の機会などはどんどん大都市に集中しています．また，イノベーションのアイディアも，人がどんどん集まる都市部で起こっているように思われます．また，首都圏でも，大学は東京都心へ回帰しつつあると言われています．山あいのログハウスに住み，独創的な研究成果やイノベーティブなアイディアを発信し続けるというのは幻想だったのでしょうか？

研究に焦点を絞ると，そこで一番大事なのは「ロールモデル」だと思います．研究とは言うならば現在進んでいる方向に答えがあるかどうかわからず，さらに言えばもともとその問題に答えがあるのかさえわからない荒野を進むようなものです．自分がどこにいるかを示す地図さえない場合も往々にしてあります．

そんなときに拠り所となるのが，「ロールモデル」でしょう．いままでに何らかの「答え」にたどり着いた経験のある人が近くにいる．その人もいまの問題に対する「答え」は当然，知りようもない．でも，とりあえず，その人の研究に対する姿勢や考え方，日々の行動までをも模倣してみる．また，同じように研究に情熱を持っている仲間が集まってきて，ロールモデルを無意識に参照しつつ，日々，自分たちのアイディアをぶつけあう．筆者もそのような環境から独創性のある研究が次々出てくる事例をいくつも見てきました．つまり，研究に必要とされるものは，物理的な立地というよりも，「ロールモデル」となりうる人の存在，そして，同じような熱い志を持っている人たちとの相互作用という人と人の「関係性」ではないでしょうか．ここでも重要となるのが本書を通じて述べている，人と人とのマインドインタラクションなのです．

第3章

人と人のマインドインタラクション

3-1　上司や先生と上手くいかないという普遍的な悩み

人間関係、特に上下関係は難しい

「人は社会的動物」と言われるように、人間は一人で生きていくことは困難です。社会の大小の差はあれ、必ず他者との関わりの中で生きています。その社会あるいはコミュニティは、夫婦、親子、家族、町内会から非営利団体、企業、自治体、はては国家や世界にいたるまで様々な規模と様相を呈しています。その中でも、個人としての人がもっとも濃密に関わるものが、会社の上司や学校の先生という社会的に自分の上にある人との関係と友達同士、知人などの社会的上下関係が薄い間柄だと考えられます。その次には、親子、夫婦などの家族内の人間関係が挙げられるでしょう。一方、見方を変えるとこのような人間関係が密に存在することは、そこで問題が生じやすいことも意味しています。

われわれは、様々な人間関係に悩み続けて生きていくと言っても過言ではないでしょう。昔から企業や家庭などの組織における上下関係における問題は、とてもストレスが溜まるものでした。また、最近では、特に中高生などの若い世代において、友達関係における問題が起こす大きなストレスが社会問題にもなっています。よくニュースで報道される「先生や親に嫌われるのは気にしないが、友達に嫌われるのは耐えられない」という問題です。今の若い世代の仲間はずれに対する恐怖心は、われわれの想像を超えたものがあるようです。

一方、多くの男性は、若い頃に女性のマインドが理解できない、あるいは女性の気持ちの変化が予測できないということで悩んだことがあると思います。呑みに行くなら、気持ちやココロが理解しやすく予測しやすい、つまり単純なマインドをもつ男性と行くほうが女性と行くよりも楽だし楽しいと思うのではないでしょうか。そして、その気持ちはその後年を重ねてもあまり変わらない。例外的な異性は、長く付き合ったパートナーや家族、配偶者でしょうか。でも、家族になってしまうと、もうマインドを理解する必要を感じなくなってしまったことが大きいように思います。これは、よくない傾向なのはわかってはいるのですが。

心の理論による相手のマインド推測

さて、ここで既に触れられている「心の理論（Theory of Mind, ToM（トム）とも呼ぶ）」の登場です。くり返しますが、「心の理論」とは、「相手の人のマインドを理解するために人間が持っている能力、知識」のことです[1]。この心の理論をもっていることにより、わたしたちは家庭や職場で接する相手の知識を自分のことのように感じることができるのです。たとえば、図3・1のような状況を考えてみてください。この様子を見た瞬間にわたしたちはすぐに「この人、重たそうな荷物をもって、エレベーターのボタンが押せずに困ってるなー、焦ってるなー」と相手のマインドを理解します。人というものは、相手がどのような状況でどのような

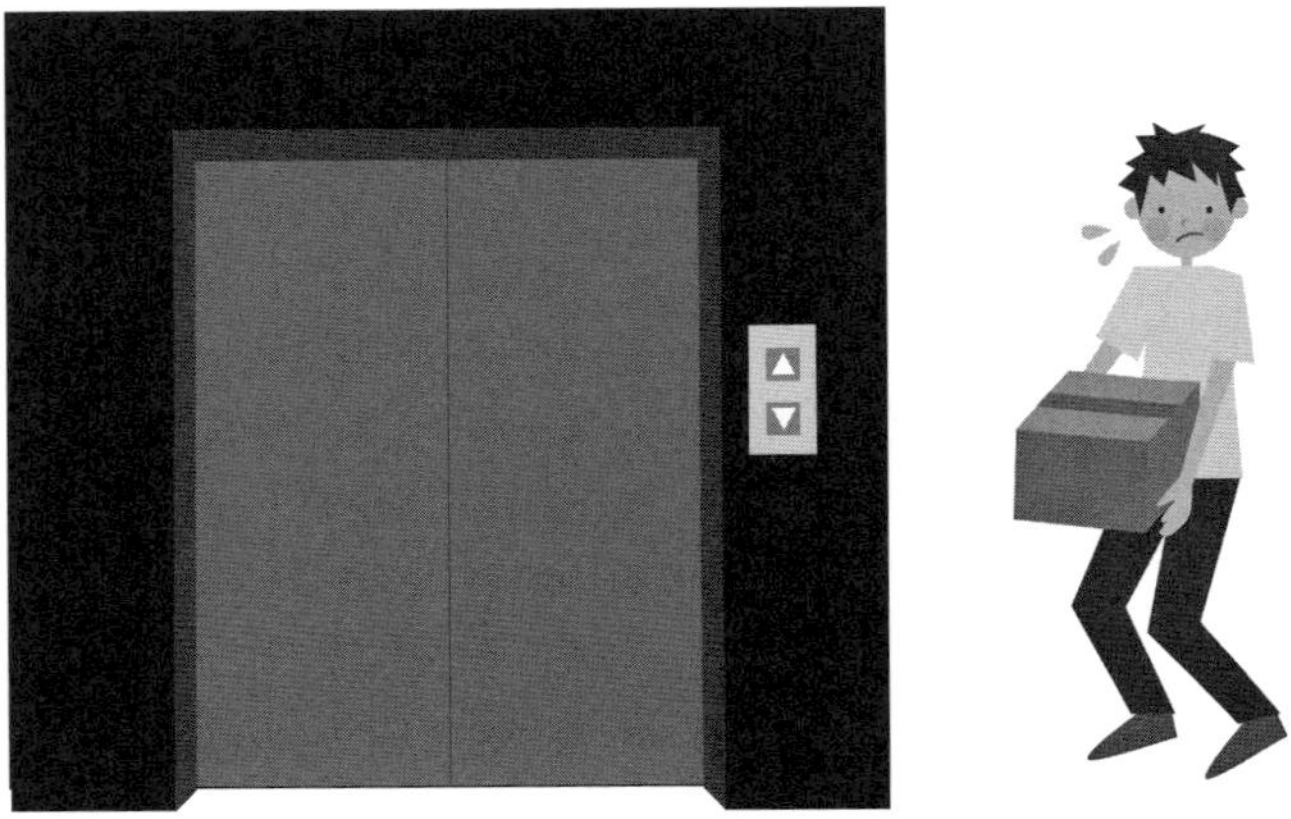

図 3.1　この人のマインドがわかりますか？

気持ちになるかを「常識」あるいは「知識」として知っており、相手の「状況」を見て認識した時、すぐに相手の気持ちがわかるのです。

心の理論は、わたしたちにはあまりに当り前の能力であり、普段そのような能力があること自体も意識していないと思いますが、この心の理論が対人関係ではすごく重要なものになることは容易に予測できるでしょう。もし心の理論を持っていなくて相手の気持ちがわからない人は、「空気読めないKYな人」、「人の気持ちがわからない冷たい人」などと呼ばれて、社会や組織から爪弾きにされてしまう場合もあります。一般的な話としては、自閉症やアスペルガー症候群の人は心の理論が不十分なのではないかという指摘もされています。

心の理論関連の研究で興味深い点は、心の理論をもっているかどうかを判定する問題がいくつか考えられていることです。その一つをご紹介しましょう[2]。「サリーとアン課題」と呼ばれている仮想問題です。次のような状況を想像してみて下さい。

1　サリーとアンが、一緒に部屋で遊んでいます。
2　サリーはボールをかごの中に入れて、部屋を出て行きます。
3　サリーがいない間に、アンがボールを別の箱に移します。
4　サリーが部屋に戻ってきます。

上記の場面を参加者に提示して、「部屋に戻ったサリーは、ボールを取り出そうとします。最初にどこを探すと思いますか?」と質問します。このとき、質問された実験参加者は、サリーが部屋から出て行った間にアンがボールを別の箱に移したことをサリーは知らないのだから、サリーはボールはまだかごの中にあると思ってるだろうと考えます（ここで、相手の心を推測する心の理論が必要になります）。そして、「最初にかごの中を探す」と答えると考えられます。ところが、心の理論をもっていない人の場合は、サリーがどう考えているかを考えることなく、「自分」はボールが箱に移されたことを知っているから「最初に箱の中を探す」と答えてしまいます。つまり、相手のマインドになって考えることができないわけです。このサリーとアン課題は、心の理論を持たないために、相手のマインドがわからないという状況をわかりやすく説明していると思います。[1)]

さて、このような心の理論についての考察から、人間関係がうまくいかない一つの大きな理由は、互いにあるいは一方が相手のマインドが理解できないことが考えられるでしょう。これは、ある意味当たり前です。大げさに言うと、人と人の間だけでなく、組織間、民族間、国の間でも似たようなことが成り立つわけです。いわゆる相手のマインドがわからなくて、相手に対して恐怖心やネガティブな感情をもってしまうような疑心暗鬼の状態になりかねません。これを解決するには、相互理解が必要ということになります。

心の理論ではうまくいかないとき

現実の上司と部下、先生と学生の関係においては、二人の人間はお互い心の理論をもってい

1）【Q】「サリーとアン課題」って、うまく考えられてるね。
【A】うん、ホントにそうだね。普段、僕たちは何の苦もなくできていることを確認する問題を考えるのは、以外と難しい。ここから学べることの一つは、受験とかの能力である、与えられた問題を解く力以外にも、ある目的のために問題を作る力もとても重要だということ。あわせて、現実の課題から問題を作り出す、現実の課題の定式化とも言える力が大事だね。

る場合が多いと考えられます。ところが、それにも関わらず、相手のマインドがわからないという相互理解不可能な状況が起こり、人間関係がギクシャクするわけです。でも、心の理論を持っているにも関わらず、なぜ相互理解ができないことが起こるのでしょうか。

原因として、お互いがいくら心の理論をもっていても、状況からだけでは相手のマインドが理解できないことが考えられます。どういうことかというと、先ほどの図3・1などでは状況により相手のマインドが正しく決まってしまう例なのですが、たとえば仕事を少し抱え込むと直ぐに暗いマインドになってしまうが、でもいつもポーカーフェイスの会社の上司を考えてみましょう。そのような人は、「仕事を少し抱え込む」という状況にあっても、顔表情に出ないので、心の理論的には特に暗いマインドにはなってはいないと理解されます。でも本当は暗いマインドになってしまっているので、それを心の理論だけでは推測できないわけです。心の理論は、どんな人にでも当てはまるという誰にも共通した常識的なものなので、現実には一人一人の性格や個性を考えて適用しないとダメな場合があるのです。

人間関係を改善するきっかけをつくる

では、そのような場合はどうすればいいのでしょうか。答えの一つは、人間が自分のマインドを「状況に応じて」はっきりと表情などに出すことが考えられます。つまり、うれしいときはうれしい表情を、嫌なときは嫌そうな表情を積極的に表出するということです。こうすることで、飛躍的に相手に自分のマインドが伝わりやすくなります。ただし、ここで少し気をつけてほしいのは、「状況に応じて」と「非言語情報」についてです。

まず、いつもマインドをストレートに表に出すことは、問題のあることもあるでしょう。ですから、「状況に応じて」となります。あと一つは、このマインドの表出は、言葉で言語情報で伝えるよりも表情やささいなジェスチャーなどの非言語情報で伝えるほうが好ましいということです。このような傾向は、ＨＡＩの研究でも報告されています[3]し、わたしたちの直感にも合います。たとえば、イライラしているときにいちいち「今、私はイライラしている！」と言葉で言われても、周りで聞いてるほうがさらにイライラしちゃいますよね。[2)] これらのことに注意して、マインドを表情などの非言語情報で状況に応じて表出するということが有効だと思います。日常的にも、「上司は部下にときどきはレアな感情を露わにしたほうがよい」というのを聞いたことがあります。「俺は本当に怒っているんだ」と伝えたほうが、部下は上司の状態を理解しやすくなり、うまくいくという意味ですが、似たようなことを言っていると思います。また、ここまでは、部下から上司へのインタラクション、つまり上から下へのインタラクションの例を挙げましたが、基本的に逆の下から上へのインタラクションでも同じことです。

ただ、このような方法はあくまで相互理解のきっかけを与えるに過ぎないことも注意して下さい。相手の今のマインドがわかることは、相互理解の始まりに過ぎません。その後に、なぜ相手はそのようなマインドになったのかという因果関係を理解する方向で相互理解が深化して

2）【Q】これ、情動伝染（3-6節）に似てるのかな。
【A】そうだね。確かに、似てるけど、情動伝染の場合は非言語情報でマインドが伝染するんだけど、この伝染は言語情報で伝染するところがちょっと違うかな。

いく必要があるでしょう。お互いに相手のマインドがわかり、どのようなコミュニケーションをすれば、相手のマインドがどのように変化していくかがわかったとき、まさに相互理解が実現したことになるでしょう。そして、そのようなこの相互理解のさらなる深化は、相手に対する思いやりや愛情を背景として本人同士が協力して進めていくことになるのです。

参考文献

[1] 子安増生,『心の理論 ——心を読む心の科学』, 岩波書店 (2000)

[2] Baron-Cohen, S., Leslie, A. M., Frith, U., Does the autistic child have a "theory of mind"?, *Cognition*, 21(1), 37–46 1985

[3] 小松孝徳, 小林一樹, 山田誠二, 船越孝太郎, 中野幹生,「確信度表出における人間らしい表現と Artificial Subtle Expressions との比較」,『人工知能学会論文誌』, 27(5), 263–270 (2012)

3-2 いじめや差別の問題とマインドインタラクション

感情移入や同一視とは？

いま学校でのいじめや社会・文化的な差別意識の顕在化が問題となり、メディア上でさかんに議論されています。たしかにインターネット上で、いじめに関する記事や他国への誹謗・中傷などを見ない日はありません。このような問題をマインドインタラクションの立場からどのように考えることができるでしょうか？

2-2節「モノへの愛着と畏敬」でも述べたように、HAIの研究ではエージェントやロボットに対する「感情移入」は重要な研究テーマです。また同様に、自分とエージェントを一体化してしまうような「同一視」も重要な研究テーマです[1)]。このような感覚は、古くは高倉健主演のヤクザ映画を見終わった観衆が映画館から出てくるときに、高倉健のように肩で風切って歩いて来る様子をイメージするとよいでしょう。最近では、コンピュータゲームで遊んでいるとき、ゲーム中のキャラクタを自分の分身だと感じてしまう現象を想像するとわかりやすいと思います。さらに、エージェントや人工物を自分の身体の一部のように感じてしまう「身体所有感の拡張」も興味深い現象です。この感覚は、熟練したドライバーが自分の運転している車を身体の一部のように感じて、狭い路地でもスイスイ進んで行く様子を想像するとわかりやす

1)
【Q】区別が難しそうだけど、「感情移入」と「同一視」は同じ意味なの？
【A】簡単に言うと、「感情移入」は自分の持っている感情を対象の側に移入すること、「同一視」は対象と自分を無意識のうちに混同することだと言えるね。両方の概念は似ているけどその違いは、感情移入は対象が人以外でも起こりえるけど、同一視は対象が人に限定されることが多いことかな。それじゃあ、対象がエージェントやロボットの場合はどうかというと、本書のこれまでの説明のとおり、それらは人間に感情移入と同一視を容易に引き起こすことができる人工物だと言えるね。

いでしょう。

最近の情報技術の進歩により、安価で高性能なヘッドマウントディスプレイHMD(Head-Mounted Display)が一般家庭に普及したことにより、さらに容易に「感情移入」や「同一視」、およびそれらを通して仮想環境に入り込んでしまう感覚である「没入」が体験できるようになりました。このような情報機器は人間にどのような影響を与えるのでしょうか？　マインドインタラクションの立場から考えてみましょう。

VRを用いた〝なる〟体験の効果

最近、バーチャルリアリティVR(Virtual Reality)を用いた面白い実験結果が報告されました[1]。この研究では、VR環境において白人が黒人のアバタ（キャラクタ）を操る経験をすると、白人が潜在的に持つ黒人への人種差別的偏見を軽減させられるというものです。図3・2では、VR環境において、白人の被験者Dが、Aアジア人になる、B黒人になる、C白人になるという体験をします。この異なる人種に〝なる〟という体験をすることにより、黒人に対する差別意識がなくなっていったと報告されています。VR環境の中で、他者の立場でさまざまな経験をすることにより、その辛さや屈辱感を実感として味わうことができるのかもしれません。

また、VRを用いた他の研究では、実験参加者がバーチャルキャラクタの操縦するヘリコプ

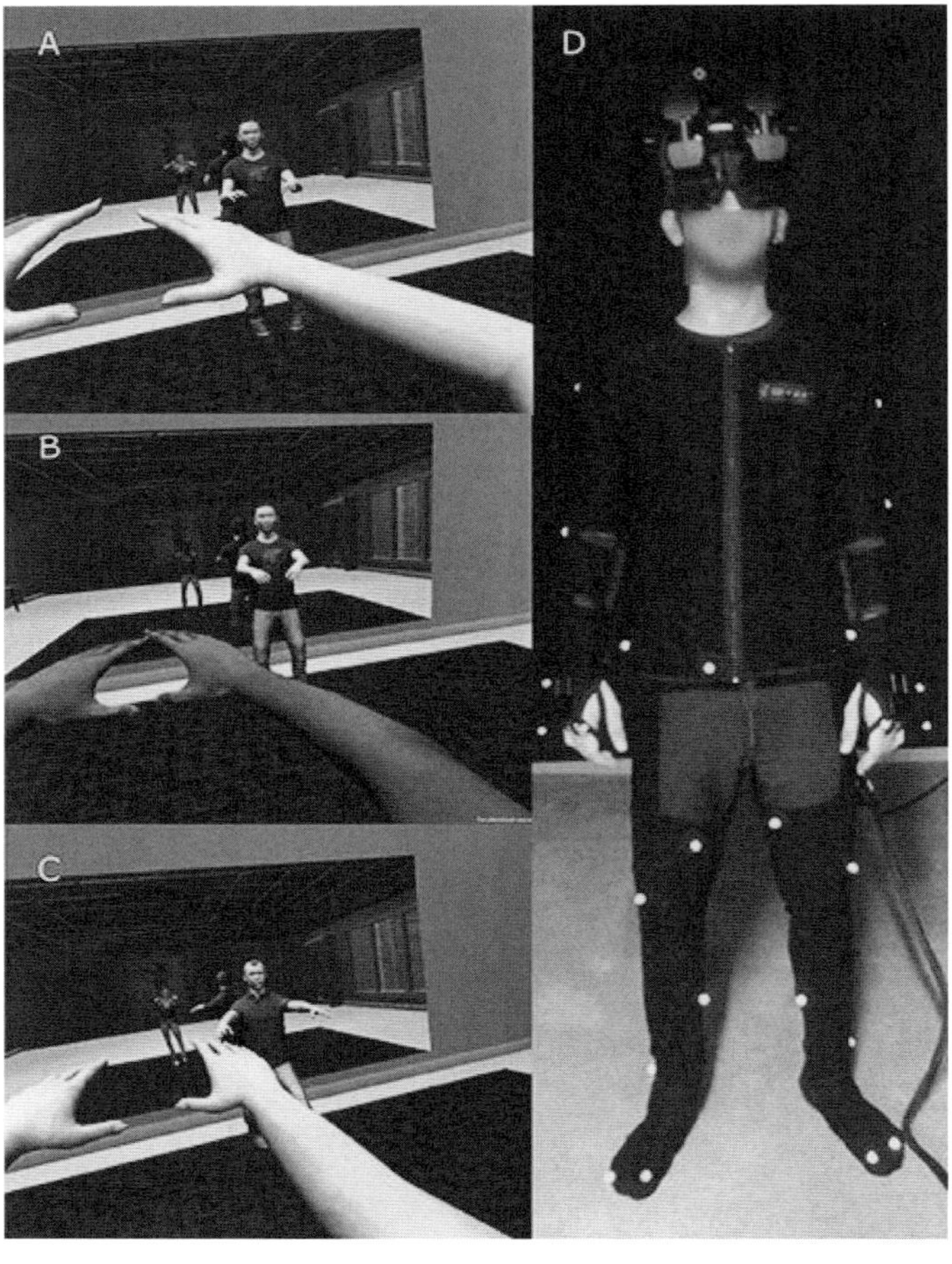

図 3.2　VR 環境において被験者がさまざまな人種に“なる”実験 [1]

ターに単に乗り込んで空を移動して他者を助ける経験をした場合に比べて、自分自身が空を飛ぶことができるスーパーヒーローになり主体的に他者を助ける体験をした場合のほうが、実験後に利他的行動が誘発されやすくなったのです[2]。つまり、自分が超人的なパワーを持ち、主体的に他者を助けるという経験が、自分をヒーローらしく振る舞わせることにつながったのです。大変興味深い実験結果ですね。子供時代にテレビでウルトラマンや戦隊ヒーローものを見ることは意味があるかもしれませんね。

これらの研究結果から、VR技術を用いて、すでに述べた「感情移入」や「同一視」からさらに一歩進んだリアルな体験をすることにより、いじめや差別の問題を解消することが可能かもしれません。つまり、人が「実際に」アバタとなり、さまざまな経験をすることで、実際の世界における人と人の関係を良い方向へ導くことが可能かもしれません。2)

自分がエージェントやロボットに〝なってみる〟

以上述べてきたことは、人がVR環境の中に入り、アバタ（キャラクタ）となってさまざまな体験をすることが、実際の世界における人と人の関係へ影響を与えるということでした。つまり、人が人工物に〝なってみる〟ことで、人と人の関係を良い方向へ導く結果となりました。一方、本書では、人とエージェントやロボットの「関係」を考えることが、人と人の「関係」を考えることにプラスになると主張してきました。前節の「心の理論」の説明でも述べた

2) 【Q】VR技術を使う擬似体験が良いんだね！
【A】そうとばかりも言えないんだ。たとえば、すごくリアルなロールプレイングゲームで暴力的な行動ばかりをくり返したプレイヤーは、実生活ではどのように振る舞うだろうか。検証が必要だよね。あと、ロボットをいじめる子どもは、実際に自分がいじめられた経験がある子どもだとも言われている。今後は、仮想世界の中でのインタラクションや人工物とのインタラクションによる人間のマインドへの影響を検討していく必要があるね。

とおり、本書の「関係」の中には、他者の視点から見る、他者の心的状態を推定するという意味も含まれています。このため、マインドインタラクションには本節で述べてきたVR技術と同様に、人がエージェントやロボットに〝なってみる〟ことの効果も含まれていると考えることができます[3)]。

今後、近い将来、人とエージェントやロボットが〝共生〟する時代が来ると言われています。〝共生〟がまだ技術的に困難であっても、それらが社会インフラになることは間違いないでしょう。そのとき、人がエージェントやロボットに〝なってみる〟ことは、それらを使いやすいようにデザインするためにも、人がそれらと良い関係を築くためにも大変重要なことだと思います。エージェントがなぜうまく機能しないのか、なぜロボットが動けないのかよくわかるようになりますから。さらに、人とエージェントやロボットとのやりとりを見つめ直すことには大きなメリットがあります。それは人と人のやりとりを見つめ直すきっかけにもなるのです。なぜなら、人と人工物のやりとりは、人と人のやりとりを写す鏡なのですから。

3）【Q】何かに〝なってみる〟というのは、結構万能なアプローチじゃない？
【A】そうだね。いろいろな応用が考えられるね。実際に、デザイン教育においてプロダクトデザインを行う際に、製品に〝なってみる〟ことによりデザインが改善されたという報告もある。まあデザインでいえば、ユーザ・センタード・デザインもユーザに〝なってみる〟ことだし、インタフェース設計全般に応用できるんじゃないかな。

参考文献

[1] Banakou, D., Hanumanthu, P. D., and Slater, M., Virtual embodiment of white people in a black virtual body leads to a sustained reduction in their implicit racial bias, *Frontiers in Human Neuroscience*, 10:601 (2016)

[2] Rosenberg, R. S., Baughman, S. L. and Bailenson, J. N., Virtual superheros: using superpowers in virtual reality to encourage prosocial behavior, *PLOS ONE*, 8(1), e55003 (2013)

3-3 バランス理論——ロボットが人間関係を壊してしまう

三者対話における「バランス理論」とは

本書でもすでに述べたように、人とロボット（エージェント）が共生する社会が現実のものとなりつつあります。われわれ人間同士の対話では一対一よりも多対多の場合のほうが多く、今後、人とロボットとの対話でも多対多の場合を考えていく必要があるでしょう。多対多の対話の最少単位は三者対話であり、二者対話とはまったく異なる相互作用となります[1)]。

ここではまず、人間同士の三者対話のメカニズムについて考えてみます。三者対話においてどのような相互作用が起こるかを理解するためには、ハイダーのバランス理論[1]を用いるとわかりやすいでしょう。バランス理論とは、三者間の相互作用によってそこに関わっている人達の感情がある均衡状態に向かう傾向があることを示した理論です。図3・3を用いてこの相互作用を具体的に説明します。いま、「＋」ラベルを正の感情、「－」ラベルを負の感情とします。図3・3は三つの三者間の感情がすべて「＋」ラベルであるため、均衡状態にあります。つまり、みんなが互いに好意を持ち合っていれば当然、三人の関係は安定状態になります。一方、図3・4は不安定状態となります。つまり、ひとりの人に二人が好意を持っていますが、この二人はお互いに嫌い合っています。いわゆる「三角関係」ですね。この三人の関係が

1) 【Q】三者対話の相互作用ってそんなに複雑なの?
【A】対話に限らず、「二者」と「三者」はぜんぜん違うんだよね。物理学でも多体問題は難しいことで有名。太陽と地球の間の万有引力（二体問題）は厳密に計算できるけど、月を含めた三体問題以上になると簡単には解けないんだ。昔、ある部族の数の概念は、「1」、「2」、「たくさん」の三つしかないと言われたけど、たしかに「2」と「3」の間にはいろんな意味で大きな溝があるみたいだね。

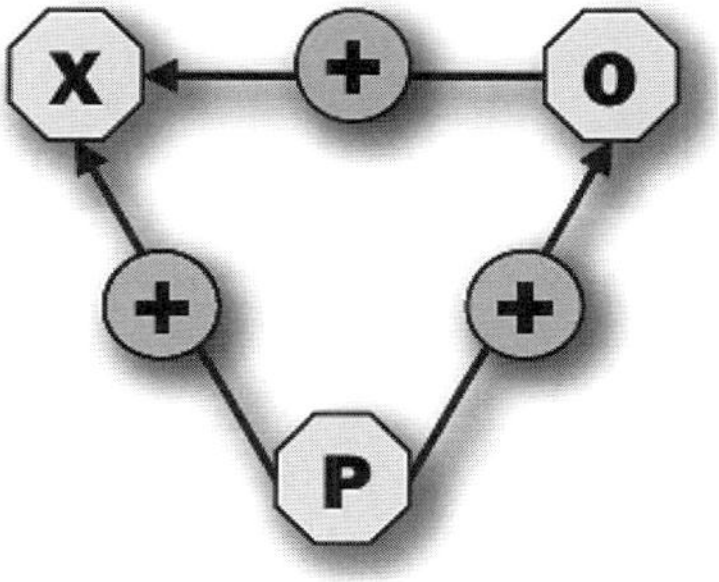

図 3.3　バランス理論における安定状態
[2]

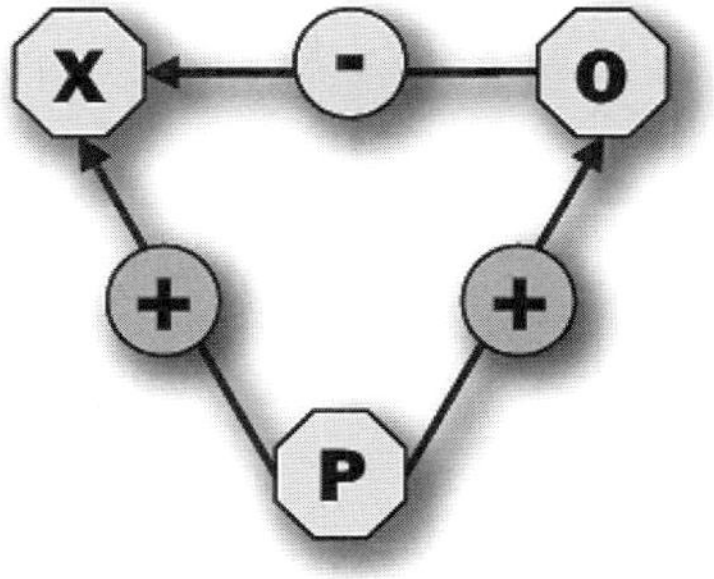

図 3.4　バランス理論における不安定状態
[2]

安定状態になるわけがありません。一般的に、三者間のラベルの積が「正」ならば安定状態となり、積が「負」ならば不安定状態になります。つまり、「−」「+」「−」は安定しますが、「−」「−」「−」は不安定となります。実際の職場や学校での人間関係をあてはめてみるとわかりやすいのではないでしょうか。2)

ロボットを交えた三者対話実験

それでは、ロボットを含めた三者関係ではこのバランス理論が成立するのでしょうか？　わたしたちはロボットの振舞いを意図的に制御することにより、それが人間関係にどのような影響を与えるかを実験により検証しました[2]。

わたしたちの三者対話実験では、図3・5のような実験環境を設定しました。つまり、二人の実験参加者と1台のコミュニケーションロボットによって構成される対話空間です。この実験環境を抽象化すると、図3・6のようになります。ここで、実験参加者PとOは初対面で、事前の調査でお互いに正の感情も負の感情も持っていないことを確認済みです。まず、PとOそれぞれがロボットと自分の趣味や好みについて話し合います。ロボットは最初、Pの意見にもOの意見にも同意します。しかし時間が経つにつれ、ロボットはPの意見に強く同意し、少し移動してPのほうへ近づいていきます。一方、ロボットはOの意見には反対するようになります。つまり、この実験では意図的にロボットと実験参加者Pとのラベルを「+」とし、ロ

2)
【Q】バランス理論って、人間関係をすごく単純化し過ぎてないかな。
【A】そのとおり。かなり単純化してるんだけど、人間関係の本質的な部分はカバーしていると考えられているので、1958年に発表された論文だけど、いまだに引用されているね。こういう研究は、本質的な部分を扱える、できるだけシンプルなモデルを考えることが大事なんだ。もっと人間の認知的なメカニズムも考慮したモデルにはソシオン理論というものもあるよ。興味があれば調べてみてね。

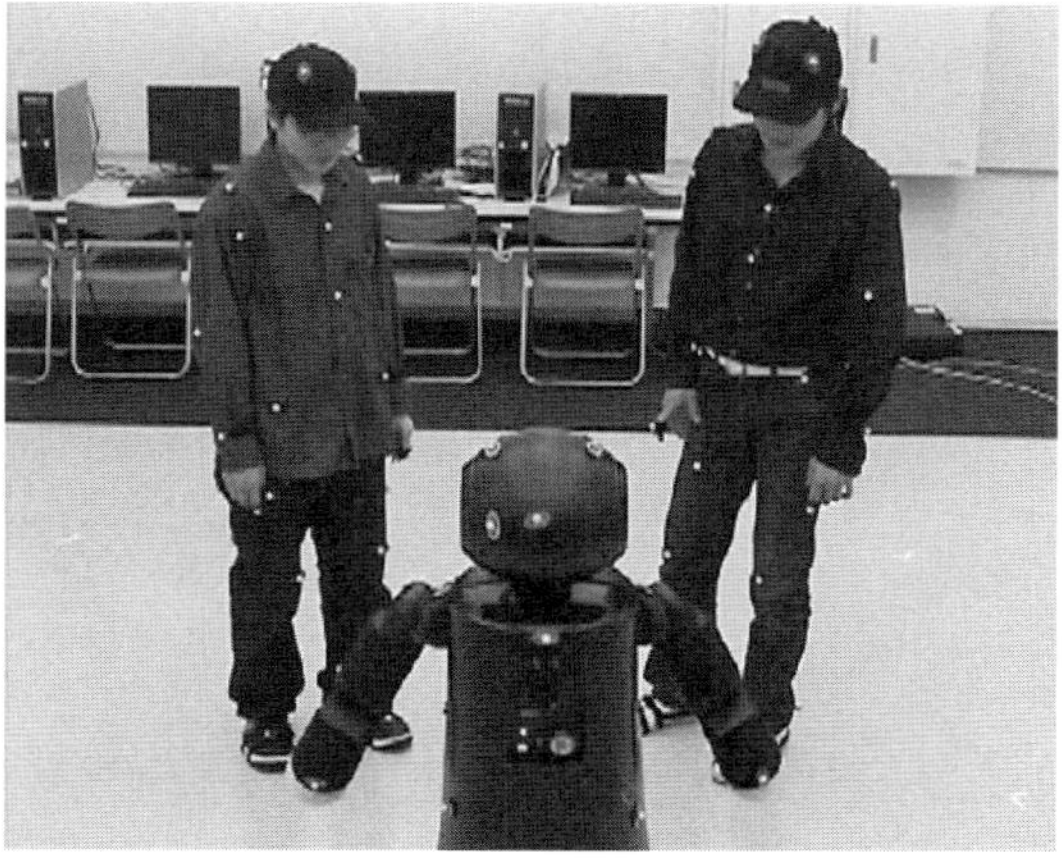

図 3.5　ロボットを交えた三者対話実験の様子 [2]

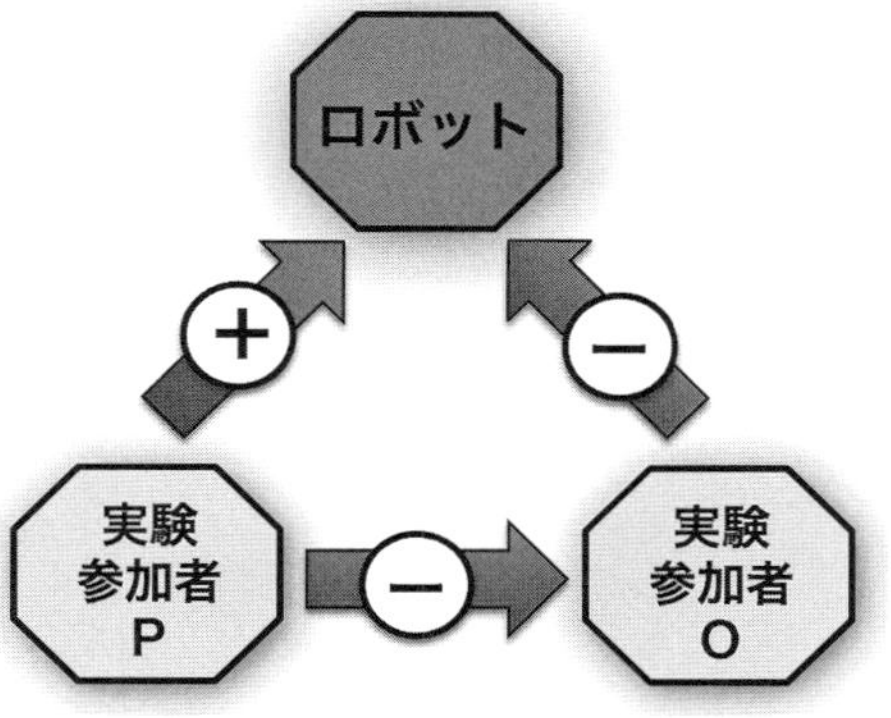

図 3.6　バランス理論におけるそれぞれの対象についての印象 [2]

ボットとOとのラベルを「－」にしようとしているのです。実験後のアンケートの結果、意図したとおり、Pはロボットに正の感情（「＋」ラベル）を持ち、Oは負の感情（「－」）を持つようになりました。

ここで問題となるのが、初対面のPとOのお互いに対する印象です。実験では、PとOは直接には言葉を交わしていません。すでに述べたように、バランス理論に従えば、Pとロボットが「＋」、Oとロボットが「－」ですから、三者関係が安定するようにPとOの間が負の感情（「－」ラベル）となっていく傾向があると予想できます。

ロボットを交えた三者対話の実験の結果は、バランス理論の予想どおり、PとOの間に負の感情を引き起こすことになりました。両者は直接言葉を交わしておらず、実験前にはお互いが負の感情を持っていなかったのですが、ロボットを介した三者対話を行った結果、間接的な力学がはたらき、二人の間に負の感情が形成されてしまったのです。ロボットがこのような影響力を持つなんて、ちょっと驚いてしまいますね。

ロボットが人間関係に与える影響

ロボットが人間関係にも影響を与えたという実験結果は大変興味深いものであるとともに、ちょっと怖い印象を持ってしまいます。つまり、ロボットの社会的な態度が人のロボットに対する印象だけではなく、人同士の間の印象に対しても影響を与えることが確認されたのですから。さらに言えば、ロボットの振舞いを意図的に操作することにより、「ロボットが人間関係を壊す」ことも可能であると考えることができます。[3)]

特に、ペッパーやロボビーなどのコミュニケーションロボットは、擬人化されやすい外観をしているため、人間関係にも影響を与えやすいと考えられます。「メディアの等式」（1-6節）でも述べたように、人間は人工物に対して社会的反応を起こしやすいのですから、その人工物がさらに擬人化されやすい外観をしていれば、なおさらのことだと思います。

本書で何度か述べているように、今後、人間はロボットと共生していくことが予想されます。そのロボットが人間の社会性や人間関係に影響を与えるとすれば、ロボットをデザインする際にはこの点について十分配慮する必要があるでしょう。つまり、ロボットの外観や動作をデザインする際に、それらが人間のどのような感情やマインドを引き起こすかを十分考えて設計していく必要があるでしょう。このことは、とりもなおさず、社会的ロボットや社会的エージェント、社会的ＡＩのデザインには、それらのマインドが人同士のマインドインタラクションにどのような影響を与えるかを十分に考慮するべきであることになるわけです。

3）【Q】「ロボットが人間関係を壊す」って怖いなー。
【A】でも、人間の二者間の紛争を考えた場合、多くの場合はある「資源」をめぐっての争いになっているよね。ここでは、その「資源」がある程度の自律性を持つ人工物（ロボット）だというだけで、本質的には違いはないと思うよ。でも今後、ロボットの外見や対話戦略などのデザインには十分配慮しないといけないね。

参考文献

[1] Heider, F., *The Psychology of Interpersonal Relations*, John Wiley (1958)

[2] 坂本大介, 小野哲雄, 「ロボットの社会性――ロボットが対話者間の印象形成に与える影響評価」, 『ヒューマンインタフェース学会論文誌』, 8(3), 381-390 (2006)

3-4　面と向かって注意されるのはいや――オーバーハードコミュニケーション

他人を注意するってむずかしい

人をほめるのは、割と簡単です。ほめる点を見つけ出すことはちょっと手間なこともありますが、ほめること自体はリスクをともないません。でも、反対に人に注意するのは難しいことです。これは、ほめられて気分が害する人はいませんが、注意することでは気分を害する人がいるからです。特に、電車でマナーを注意されて逆ギレする若者や高齢者（ほとんどが男性）がいます[1)]。人は相手の気分を害するような行動は慎重になるものです。気分を害した怒った相手が何らかの攻撃的行動に出るかもしれませんから。

さて、このように人を注意して態度を改めてもらうことは、単にほめることよりも難しいことを誰もが経験していることでしょう。上司が部下を注意する、先生が生徒を注意する、親が子どもを注意するなど、いろいろな状況が考えられ、またいろいろな注意の仕方があります。みなさんは、人を注意する場合にどのような戦略をとりますか。「戦略」というのも大げさですが、「どのように注意するか」ということです。そんなの簡単、こっちが怒っていることをはっきり伝えるために、声を荒げて相手に「直接」言葉で注意すればいいんじゃないのとお答えになるかもしれません。特に、上司が、異性、あるいは年上の部下を後腐れなく注意するこ

1）【Q】ねえねえ、そうゆうの見たことある？
【A】うん、何回かある。一つは、川崎の電車内で騒いでる人を注意した若いサラリーマンと、注意された若者が逆ギレして、前歯が折れるほど殴り合いしてた。もう一つは、東京の電車内で隣に座ってる人の肘が押しつけられたのを注意した若いサラリーマンと注意された若いサラリーマンがつかみ合いになった。筆者とおばちゃんで止めに入ったんだけど、二人のサラリーマンはホームに降りてからもレスリングのようにつかみ合っていた。まったく混んでる電車って、憎悪が渦巻いていて一触即発だよ。

とは難しく、そのノウハウだけでビジネス書が一冊書けそうです。

ここでの問題は、これも誰もが感じることですが、人から「直接」注意されることはあまり気持ちのいいものではないということです。特に他の人（同僚など）がいる前で公然と注意されると言葉自体のもっている意味以上に、ある種の屈辱感を感じる場合もあるでしょう。このようなことは、たとえ理屈の上では叱られる理由に納得していても起こります。むしろそのような場合には、より素直になれずにわだかまりが残るでしょう。これは、感情的な問題であり理屈ではありません。[2)] 場合によっては直接注意することで、相手がかえって意固地になってしまい、行動をまったく改善しなくなる場合もあります。では、他によい注意の仕方はあるのでしょうか。これについて、次項で考えていきます。その糸口は、先にも言いましたが「人は直接注意されるのが嫌」というマインドです。

オーバーハードコミュニケーション

心理学では、他者への言葉による働きかけを説得（persuasion）と呼び、説得によって相手の態度が変化することを態度変容（attitude change）と呼びます。また、説得のためのコミュニケーションを説得的コミュニケーション（persuasive communication）と呼びます。よく考えると、人に注意することは、その注意によって相手の態度変容を期待しているので、注意とは説得の一種と捉えることができそうです。つまり、説得的コミュニケーションの方法が、上手い

2）【Q】こういう素直さって、人によるよね。
【A】もちろん、注意されて自分の落ち度を素直に認めて改善するかどうかは、個人の性格、経験なんかに依存するね。一般に、論理的、合理的に行動できる人、まあいわゆる「大人」なんかだけど、そういう人はわりと素直と思える。でも、「大人」は既に社会的地位があって、それなりにプライドが高かったりするからなんとも言えないね。特に大学の先生とか、プライドだけの人も結構いるから。まさにそういう人に注意するのは、心の理論を総動員しないとだめだね。

注意の方法を考えるときに参考になりそうです。

社会心理学で指摘されている説得の方法に、オーバーハードコミュニケーション(overheard communication)[1][2]というものがあります。[3)] オーバーハードコミュニケーションとは、説得者が被説得者を直接説得するのではなく、被説得者とは別の第三者に説得している様子を被説得者に見せることで間接的に被説得者を説得する方法です。その結果、被説得者の態度変容を促す目的があります。ウオルスターとフェティンガーの研究[1]では、人間同士におけるオーバーハードコミュニケーションの効果を検証することで、次の効果が示されています。

- 通常の直接的な説得であるレギュラーコミュニケーションよりも、オーバーハードコミュニケーションのほうが態度変容を促す効果が強い。
- 説得の中にある話題が相手（被説得者）に関連するものであるときに、態度変容を促す効果がより強い。

これらの知見はなかなか興味深いものです。一つ目はオーバーハードコミュニケーションのほうがレギュラーコミュニケーションよりも効果があることを科学的に証明した点が大変意味があると思います。オーバーハードコミュニケーションに効果があることは、わたしたちも日常的に何となく感じてはいるのですが、通常のレギュラーコミュニケーション以上に効果があるというのはちょっと驚きです。これからは、自信をもってオーバーハードコミュニケーションを使えそうです。二つ目は、割と普通というか、当たり前でしょうか。

3) 【Q】「オーバーハード (overheard)」って聞き慣れない言葉だね。
【A】うん、そうだね。あまり馴染みのない概念だよね。日本語にすると、「人が話しているのをたまたま聞く」ことを意味する。「小耳にはさむ」や「漏れ聞く」に近い感じかな。それから、実はこの「小耳にはさむ」感が大事なことがわかってるんだ。つまり、「ホントはあんたに注意してるんだよ」という意図が見透かされると、効果が弱いんだよ[2]。とても興味深い社会心理学の成果だね。

オーバーハードコミュニケーションの具体例を図3・7に示します。この例では「他の乗客の迷惑なので、電車で大きな荷物は網棚に置こうね」ということを被説得者（=「注意を受ける人」）に直接的に注意するのではなく、被説得者以外の第三者（現実的には、「知り合い」でしょう）に対して注意しているところをあえて被説得者に見せることで、被説得者に「これからは、気をつけなきゃ」という態度変容を促すことを狙います。これは、かなり高度な社会的テクニックですが、わたしたちも日常的によく使っているのではないでしょうか。

たとえば、静かにすべき公共の場所で前にいる他人の子どもがうるさい場合を考えてみて下さい。そのとき、前にいる他人の子どもに対して「静かにしなきゃダメよ」と直接注意するのはいろいろとはばかられるので、とりあえず注意しやすい（ちょっと騒いだだけの）自分の子どもを大きめの声で（時には目線は他人の子どものほうをチラチラ見ながら）注意して、その注意を前の子どもに聞かせることで静かにさせるということはよくあるのではないでしょうか。これがまさにオーバーハードコミュニケーションです。

エージェントを介したオーバーハードコミュニケーション

このオーバーハードコミュニケーションは、説得者、被説得者、第三者がすべて人間の場合の話ですが、実は被説得者以外の説得者と第三者がエージェントであっても効果があることがHAI研究により示されています[3]。この研究における実験方法はシンプルで、説得者と第三

図 3.7　オーバーハードコミュニケーションの例

者がエージェントである場合、つまりエージェントの説得者がエージェントの第三者を説得しているところを被説得者である実験参加者（人間）にみせて、態度変容を観察すればいいわけです。具体的には、説得として、説得エージェントが商品の説明を行い、態度変容は購買意欲を十件法のアンケートで調べています。実際には、エージェントのアピアランス、説得の文言、エージェントへの信頼などの様々な要因がオーバーハードコミュニケーションの効果に影響を与える可能性がありますが、この研究[3]では人間の場合と同じようにオーバーハードコミュニケーションの効果が確認されています。

説得者と第三者がエージェントであっても、オーバーハードコミュニケーションによる態度変容の効果があることが示されました。実はこのことをおそらく意識せずに利用していたと考えられる広告があります。それは、２００８年の東京営団地下鉄における車内に貼られていた一連のマナー広告です。例をご覧に入れましょう。図３・８がその典型的な例です。

このイラスト、おもしろいですよね。個人的にもすごく好きなのですが、このイラストの素晴らしいところは、そのイラスト自体の魅力と「家でやろう。」というメッセージの納得感に加えて、エージェントベースのオーバーハードコミュニケーションを構成する説得者と第三者が描かれていることです。もちろんその説得者と第三者は、イラストなのでちゃんと擬人化エージェントになっています。では、説得者と第三者はどのエージェントなのでしょうか。イラスト中には全部で7体のエージェントが描かれていますが、注意される第三者エージェン

図 3.8　東京メトロのマナー広告『家でやろう。』
出典　公益財団法人　メトロ文化財団：マナーポスター

トは、座席と床にふてぶてしい態度で座っている4体のエージェントであることはすぐにおわかりかと思います。では、説得者エージェントはどこかと言うと、左下にいる赤ん坊を抱えた3人家族と考えられるでしょう。[4)] なお、被説得者はこのマナー広告を見ている乗客自身です。

このように、この広告ではエージェントベースのオーバーハードコミュニケーションが応用されているのです。さてその実際的な効果は、いかほどだったのでしょうか。筆者も毎日通勤で利用しており、このキャンペーン広告の後、東京メトロ車内ではメイクしている人、床に座る人は減ったように思うのですが、気のせいでしょうか。ちなみに、図3・9が少々悪乗りしたかもしれないこのキャンペーンポスターの発展型です。最近の渋谷での大騒ぎを見ていると、こちらも共感できる方は多いのではないでしょうか。ホント、いいところを突いていると思います。

このオーバーハードコミュニケーションは、言うこと聞かなそうな部下の見えるところで、罪のない大人しそうな部下を叱りつけることで態度変容を促すような実応用がされていると聞いています。そのとき、レギュラーコミュニケーションで注意する部下（第三者）を上手く選択しないとパワハラなどで後々問題となりそうです。そこで、「叱られ役専門のエージェント」を第三者として用意しておけば、そいつを後腐れなく叱責することで、オーバーハードコミュニケーションを実現できるかもしれません。今、ロボットを公共施設に置くと子供たちのイジメに合うことが報告されています[4]が、そのようなイジメ専用、叱られ専用のロボットをペッ

4）【Q】ちょっとこじつけじゃないの（汗）

【A】いやいや、図3・8の左下の子連れ家族をよく見てよ。まさに白い目で見ている親御さんの「いいかげんにしろ！」と注意したい心の叫びが聞こえるてくるでしょう？（汗）顔はそっぽを向いているけどね（笑）。

図 3.9　東京メトロのマナー広告『アメリカでやろう。』
出典　公益財団法人　メトロ文化財団：マナーポスター

パーなどで実装することで、オーバーハードコミュニケーションにおける第三者エージェントを人間の代わりにロボットにやってもらうというアイデアはどうでしょうか。5)

参考文献

［1］ Walster, E. and Festinger, L., The effectiveness of "overheard" persuasice communications, *Journal of Abnormal and Social Psychology*, 65(6), 395–402 (1962)

［2］ 榊博文,『説得と影響―交渉のための社会心理学』, ブレーン出版 (2002)

［3］ 鈴木聡, 山田誠二,「擬人化エージェントによるオーバーハードコミュニケーションのユーザの態度への影響」,『情報処理学会論文誌』, 46(4), 1093–1100 (2005)

［4］ Nomura, T., Kanda, T., Kidokoro, H., Suehiro, Y. and Yamada, S., Why do children abuse robots?, *Interaction Studies*, 17(3), 347–369 (2016)

5)
【Q】 それはロボットがかわいそう！ ロボットに人（ロボ）権を！

【A】 確かにAIBOやペッパーでこれをやると,「ロボ, かわいそう！」というロボット愛護の純粋な人達からクレームが出そうだね。ルンバぐらいなら大丈夫かな（笑）ここでも, ロボットやAIエージェントの擬人化の強さが関係している。研究者やエンジニアも, ロボットやAIエージェントの擬人化強度がマインドインタラクションに与える影響についてもっとセンシティブになるべきだね。

いまだ日本の情報系研究は欧米追従か？

分野にもよるでしょうが，人工知能 AI 分野では，日本の研究は欧米で流行っている研究テーマを後追いする場合が多いです．これまで日本人研究者はけっこう上手な後追いをして，それなりに世界的にも評価されてきました．しかし，最近は中国やシンガポールのほうが質量共に日本を凌駕する後追いができるようになってきており，日本の AI 研究の地位が揺らいでいます．

では，後追いでない研究とは何でしょうか．それは，新しいパラダイムを提案するパイオニア的研究だと思います．これまで，ニューラルネットワーク，ベイジアンネットワーク，強化学習，進化計算，統計的機械学習，そして様々な論理的枠組みなどの一時代を築いたパラダイムは，ほぼすべて欧米のパイオニア的研究者によって切り開かれてきました．その後に，日本を含む世界中のフォロワーが追従してその新しい枠組みを発展させました．そこで，一番偉いのは誰か？ それは，どう考えても最初のパイオニアです．これまで，日本の AI 研究はそのようなパイオニア的研究をするという意識が希薄であったことはもっと指摘されるべきでしょう．もちろん，“巨人の肩に立つ (Standing on the shoulders of giants)”ことは重要ですが，最初から巨人の肩で立ち位置を探すことから始めるようではお話になりません．巨人の肩での立ち位置は，研究の基本アイデアがある程度固まった後のサーベイにおいて探すべきでしょう．また，残念ながら，このような傾向は AI に限らず，日本の情報系研究一般に当てはまるように思えます．

ここ数年，AI 分野で最も後追いされているディープラーニングの大御所ジェフリー・ヒントン先生は，学生時代からニューラルネットワークの研究を始め，周りからなんと言われようが 30 年以上真摯に続けてきたからこそ，現在 AI ブームの最先端にいるわけです（もちろん，本人の能力も必須）．日本からもブームの後追いではなく，自分がこれと信じた研究を地道に続ける大学院生をどんどん輩出しなければ，いつまでたっても後追い研究で終わってしまうのではないでしょうか．これは，明文化された規則と言うよりは，研究者コミュニティが共有する暗黙の価値観，美意識となるべきものでしょう．

3-5 ロボットミーム――ロボットの癖がいつの間にか人に伝染しちゃう？

ミームとは？

東京で流行ったファッションや風俗が日本全国津々浦々まで広がっていく様子をわれわれはしばしば目にします。当然、この現象にはテレビを中心としたマスメディアが深く関わっており、いまだと、マツコ・デラックスさんがテレビ番組である商品を取り上げると、その商品のwebサイトへアクセスが集中し、サーバがダウンするという現象を思い浮かべると理解しやすいと思います。

最近では、SNSをとおして情報が拡散・伝播し、ある場所やモノが急激に注目を浴びるという現象をよく見かけます。たとえば、洞窟に差し込む光が水面に反射し、ハート型を描き出し、まるでジブリの世界のようだと話題になった「濃溝の滝」（千葉県君津市）に関する情報の拡散・伝播はまさにウイルスが広まっていくさまを彷彿とさせました。すでに遠い過去のように思ってしまいますが、ピコ太郎さんの『PPAP』という世界的な大ヒット曲も、SNSから急激に火がついたよい例だと思います。[1)]

このような現象は、ある情報がマスメディアやSNS、会話、本、教育などをとおして、ある人の脳から他の人の脳へとコピーされていくと考えることができます。言い方を変えると、

1）【Q】『PPAP』は、どうしてあんなにヒットしたのかな？
【A】当然、楽曲の良さ（笑）やカバーのしやすさもあるけど、やはり、SNSで拡散されたのが一番大きな要因だと思うよ。この拡散の火付け役はシンガポールのユーチューバーで、それを見たジャスティン・ビーバーがツイッターでつぶやいて、それを国内外のメディアがニュースとして取り上げてあのようなヒットになったというのが経緯らしい。グーグル・トレンズによると、日本よりも先に台湾でヒットし、それがアジアに広がったみたいだね。ネットのデータ分析によって、いろいろ面白いことがわかるね。

このコピーをとおして、情報が次々と引き継がれていき、あたかも「進化」しているようにも見えます。このため、この引き継がれていく情報を生物の遺伝子のようにみなし、人類の文化を進化させる「文化的遺伝子」と考え、生物学者リチャード・ドーキンスによりミーム(meme)と名付けられました[1]。

ミームという文化的遺伝子が存在するのかどうか、現時点でもはっきりしていません。でも、わたしたちの文化・風習・思考などを考えてみると、明らかに生物の遺伝子のような選択と淘汰を見ることができます。たとえば、今年流行ったファッションは、五年後には見向きもされなくなり、いつか忘れ去られてしまいます。あたかも、何かが選択されてしまったかのように。逆に、少しずつ形を変えながら代々と受け継がれ、いつの時代にも生き残っていくファッションもあります。あたかも自然選択の中で選択され、環境に適応しながら進化していく生き物の遺伝子のように。

わたしたちはこれまで、ミームのような情報の伝播は、人から人へと起こるものと思っていました。それでは、ロボットから人へと伝播していくミームはあるのでしょうか? もしあるとすれば、そのときそこでは何が起こっているのでしょうか?

ロボットから人へ伝播していくミーム?

人とロボットの共生を考えるとき、われわれはいつも「人間社会に適応するロボットをいかに作るか」という視点から考えてきました。このような視点からは、「人と同じ動作をするロボットをいかに作るか」という研究の目的が設定されます。なぜなら、人のやっていることを模倣してくれれば、人の仕事の手伝いをしてもらえそうですし、工学的にとても役に立ちそうだからです。また、この模倣する能力は、人とロボットのコミュニケーションを円滑にするためにも使うことができそうです。

しかしわたしたちは少し違う視点から、人とロボットのインタラクションを見直してみました。それは、人がロボットの〝癖〟を真似してしまい、それが人から人へと広まっていくことはないのだろうかということです。つまり、人がロボット由来の独特の身体動作を模倣し、その身体動作が人から人へと伝播し、社会の中に広まっていくことはないのだろうかという疑問です。

近い将来、人とロボットが共生していく社会では、両者の間に関係を築く必要があり、そのためにはロボットが一方的に適応するだけではなく、人もロボットに適応していくという相互適応が重要になると考えられます。さらに、もし人がロボットを模倣し、その身体動作が人から人へ伝播されるのであれば、人とロボットの長期的なインタラクションデザインも再考する必要があるでしょう。このようなロボットを含めたミームの伝播（ロボットミーム）の概念図を図3・10に示します。

どのようなロボットの身体動作が伝染するのか　インタラクション実験の結果から

これらの仮説を検証するため、わたしたちは二つの実験を行いました[2]。具体的には、実験1では、実験参加者は人とロボットのインタラクションを観察します。このインタラクションでは、ロボットはある人形を指定してそれを別の机に運ぶように人に依頼するのですが、その指定の仕方が指差しなどは用いずに、ロボットが自分の体を使って人形の真似をしてそれを指定するという方法を使いました（図3・11）。人はこんな伝え方を日常生活ではあまり使いませんよね？　普通は、「左から四つ目」とか「X色のやつ」とか言うでしょう。ここではこのロボット特有の伝達方法であるこの身体動作をロボットミーム（robot meme）と名付けます。

その後、ロボットが故障したという理由で、実験参加者がロボットの代わりにインタラクションをすることを求められました。すると、実験参加者はロボットが行っていた指示の方法（自分の身体を使って人形の真似をして指定する方法）により依頼を継続していました（図3・12）。同様の場面では人はあまり使わない方法ですから、ロボットの影響を受けてこのような指示の方法（ロボットミーム）を使ったのでしょう。

さらに、2週間後、今度は最初からロボットなしで実験を行いました。そうすると、先日の実験参加者はまったく同じ方法で人形を指示し、それを別の机に移動するように依頼していました。一度獲得した指示の方法（ロボットミーム）はやはり、ある程度の期間、保持されることが明らかとなりました。

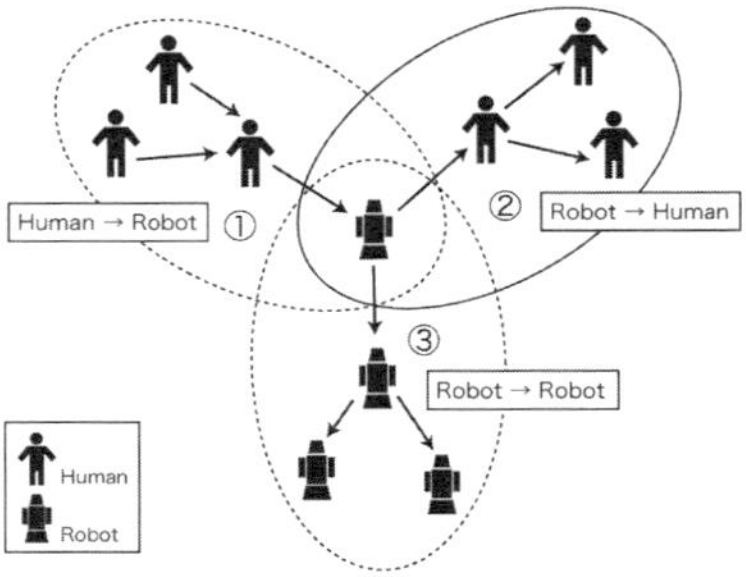

図 3.10　ロボットミームの概念図（①人からロボットへ、②ロボットから人へ、②ロボットからロボットへのミームの伝播）[2]

図 3.11　ロボットミームの実験 1：ロボットが自分の動作で指示対象（人形）を伝える（向こうの机上にある指示対象の人形と同じポーズ（片腕を上げる）をして伝えている）[2]

図 3.12　ロボットミームの実験 1：思わずロボットの動作を模倣して，自分の動作で指示対象（人形）を伝える実験参加者 [2]

次に実験2では、ロボットの身体動作（ロボットミーム）が人を媒介することにより、他の人に次々と伝わっていくかどうかを検証しました。ここでは実験の詳細は省きますが、実験の結果、ある人が一度、模倣により獲得したロボットミームは、その人を媒介として他の人に次々と伝播していくことが確認されました。さらに、このような人から人への連続的な伝播は、無意識のうちに起こっていることがわかりました。

それではこのようなロボットミームの伝播は、なぜ起こるのでしょうか？　そのときの環境や状況にも依存するのでしょうか？　また、今後、われわれが注意しなければならないことは何でしょうか？　次項で考えてみたいと思います。

人の模倣能力とコミュニケーション

なぜロボットの動作が人に伝播していったのでしょうか？　当然、ロボットからのミームの伝播には、人の模倣能力が大きな役割を果たしていると思われます。

つまり、人が人以外のものを模倣するのはどういう場合でしょうか？　たとえば、人はペットや動物の物まねをすることがありますが、それらは動物の身体動作の形態を模倣したのであって、その動作の意図までを汲み取ってはいないと考えられます。発達心理学者は生後十八ヶ月の幼児が単純なアームロボットの動作の意図を理解し模倣するかどうかを検証する実験を行いました。その結果、模倣対象が人だと行為の意図を理解し模倣しましたが、アームロボットだと模倣しないということが分かりました[3]2)。

しかし、今回実験に用いたコミュニケーションロボットはより擬人化された身体を有し、さらに実験参加者が成人であるため、ロボットの意図を理解し、模倣することは容易であり、また自然だったと言えるでしょう。また、模倣などの学習は状況に依存しており、その文脈と切り離すことはできないという報告もあります[4]。つまり、ロボットの身体動作が、その状況において自然かつ合理的であれば人がロボット独自の身体動作を模倣することも不思議ではなく、さらには自然であるとも言えます。

それは模倣か？　オリジナルか？

環境にいるロボットだけではなく、わたしたちの思考や判断は常に他者や環境の影響を受けています。逆に言うと、これらの影響なしに、わたしたちは思考や判断を行うことはできません。たしかに、わたしたちは先人が残したミームの上で日々、考え、判断しているのかもしれません。

１９９５年に放映が開始されたアニメの『新世紀エヴァンゲリオン』が社会現象とまでなりましたが、このアニメの庵野秀明監督は、「僕らの世代はオリジナルなんて基本的にはないことを認めるべきです」と述べています[5]。音楽も、絵画も、映画もほとんど基本パターンは出尽くしていて、われわれが創作しているのは、たんなるそれの組合せでしかないと述べてい

2）【Q】人間の模倣って、たんに動作をマネするだけじゃないのね？

【A】そうなんだ。単に動作を模倣するだけだと、今のような文化や文明を築くことはできなかっただろうね。人間の模倣を3つに分類して、(a)単なる身体の姿勢（運動）の模倣、(b)身体の姿勢（運動）と対象物の関係の模倣、そして(c)目標や意図の共有による模倣と考える研究者もいる。当然、(c)が高次な模倣になるね。

ます。同様のことを言う画家や音楽家は多いようです[3)]。ただ、庵野監督は、この作品の表現には、自分で経験して、自分で何かを思って、そこから出した答えが含まれており、それはオリジナルとしか言いようがないとも述べています。

心理学者スーザン・ブラックモアは、自己や私というものがミームによってどのように記述されるかに注目しています[6]。わたしたちが直感的に感じているとおり、情報としての人間はさまざまな側面を持っており、さまざまな要素の自己複合体になっています。ミームの視点から見ると、それぞれのミームが生き延びるのに有利となるようにミームの複合体を形成しているということになりますが、実際はどうなのでしょうか？

さらに、このミーム複合体はときにコピーミスを犯してしまいます。料理の場合のレシピにあたる「指示のコピー」でも、スープの味を再現する「産物のコピー」においても起こりえます。特に、「産物のコピー」においては、人はときにこのコピーミスを個性とかオリジナリティとか思い、ミームとして伝達していきます。

このように、人が作り出すミームをロボットが模倣し、ロボットが作り出すミームも人によって模倣され、それらが渾然一体となってミームが受け継がれていく。このような状態をくり返しつつ、変化し続けるという、人とロボットが共生する未来社会を思い描くことができます。ここで重要なのは、ミームの進化というものに対しては、人もロボットも社会の構成員として同等であるということです。そこには「主従関係」はなくて、「仲間 (peer) としての関係」

3) 【Q】音楽のパターンがすでに出尽くしているって本当？
【A】そのように主張する音楽研究者もいるね。たしかに、フレーズ、和音やコード進行は有限のパターン（膨大な数だけど）なので、長い歴史の中で、すべてのパターンはすでに出尽くしているのかもしれないね。でも、ポップスの新曲は新しく感じちゃうのは、われわれの記憶量が有限だからかな？

があるだけです。

参考文献

[1] リチャード・ドーキンス著，日高敏隆訳，『利己的な遺伝子』，紀伊國屋書店 (2006)

[2] 駒込大輔，鈴木道雄，小野哲雄，山田誠二，「RobotMeme 模倣による人——ロボットの周辺的相互適応」，『ヒューマンインタフェース学会論文誌』，10(1), 47–57 (2008)

[3] Meltzoff, A. N., Understanding the intentions of others: re-enactment of intended acts by 18-month-old children, *Developmental Psychology*, 31(5), 838–850 (1995)

[4] Lave, J. and Wenger, E., *Situated Learning*, Cambridge University Press (1991)

[5] 庵野秀明，『エヴァンゲリオン「完全封印宣言」』，週刊プレイボーイ，33 (1997)

[6] スーザン・ブラックモア，『ミーム・マシンとしての私』（上下），草思社 (2000)

3-6　人から人に情動が伝染

情動伝染

人の楽しそうな顔を見ると、自分も楽しい気分になったりする経験はありませんか。あの人と話していると元気をもらえる、あの人と話してると自分の元気を吸い取られるというような言い方もするのではないでしょうか。そのように、ある人の感情やマインドが顔表情やジェスチャーなどを通して他の人に伝染する現象があることがわかっています。このような無意識な表情の模倣などにより人から人に感情が伝染することは、その名の通り情動伝染(emotional contagion)と呼ばれ[1]、心理学ではよく知られた現象なのです1)(図3・13)。これは、人と人では日常的に観察される現象です。

情動伝染を職場で活用しよう!

このような情動伝染を基に、職場、家庭の雰囲気を明るくできる可能性がすぐに思いつきます。雰囲気を明るくするには、周囲の人達の気持ちを明るくすればいいので、まず自分自身がニコニコ笑顔で人に接するよう心がけることで、情動伝染により周囲の人達の気持ちも明るくなることが期待できます。これは、相手の気持ちを明るくするには、まず自分が明るく振る舞

1)

【Q】あれ、「情動」と「感情」が混同されてません?

【A】「情動」と「感情」(英語では、どちらもemotion、あと紛らわしい英単語としてaffectionとかもある)は、明確な区別は難しいみたい。一応、「情動」は、一時的な感情の変化で、感情より生理的で客観的な現象だ。「感情」は、より高次の認知的な現象とか言われているね。でも、いずれも、喜び、悲しみ、怒り、諦め、驚き、嫌悪、恐怖などを含むみたい。

えということであり、わたしたちの日常的な経験や直感にもよく合っているように思います。このような教訓を垂れる先人もいらっしゃると思いますが、その教訓もあながち根拠がないわけではないと言えるでしょう。

ただし、ＩＴ企業によくあるような、社員が座ると隣と向かいの同僚の顔がちょうど見えないくらいの高さのパーティションでガチガチに仕切られている環境（図３・14）では、いくら笑顔をつくっても周囲の人には見えないので意味がないでしょう。よって、お互いの顔が見えるようにオフィス環境をデザインすることが重要であると言えます。もちろん、みんなが笑顔でいるという前提ですが。あと、気をつけるべきは、この情動伝染は、明るい、元気などのようなポジティブな感情だけでなく、暗い、重いなどのネガティブな感情も伝染する点、そしてむしろネガティブな感情のほうが強く伝染する点です。このことから、ネガティブな雰囲気は、あっという間に職場や家庭に伝染する可能性が高いわけです。

さて、実は情動伝染は人と人の間のみならず、人間と擬人化エージェントとの間でも生じることが報告されています[2]。これは、まさにマインドインタラクション的に大変興味深い現象です。さらに、擬人化エージェントがユーザ（人間）にポジティブな感情を伝染することによって、ユーザの擬人化エージェントに対する信頼が向上することも知られています[3]。このように通常の情動伝染とは人間と人間の間で感情が伝染することを意味するのですが、ＨＡＩやＨＲＩの研究により、人間と擬人化エージェント、人間とロボットの間でも情動が伝染するこ

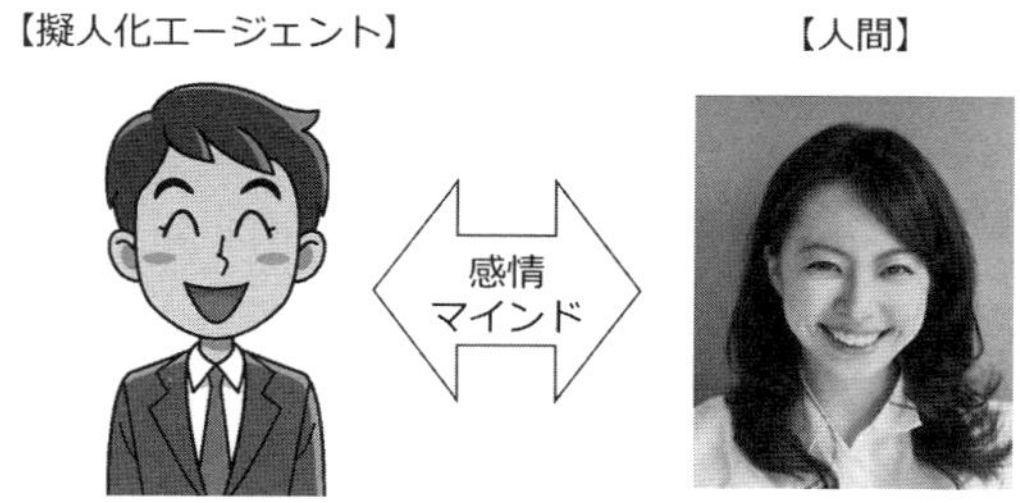

図 3.13　情動伝染

図 3.14　顔の見えにくいパーティションによる職場環境

とがわかってきています。これらの研究成果は、ある意味驚くべきことで、本質的に「感情」を持っていないと考えられる擬人化エージェントからでも人間に感情が伝染するわけで、つまり「感情」は伝染源に実在する必要はなく、単に顔表情が感情を表出していればよいことになります。[2)]

以上の知見から、明るい雰囲気の職場、家庭などの日常的な環境をつくる具体的な方法として、次のようなことが考えられます。これらのうち、一部はよく人生の啓蒙書やビジネス書に書かれていることですが、擬人化エージェントや卓上ロボットを使う方法は、マインドインタラクションならではのアイデアだと言えるでしょう。

●常に周辺の人の顔が見える環境をつくる　前述のように、人から人に顔表情を介して感情やマインドが伝染するため、明るい笑顔がいつも見えている環境を作ることが重要です。具体的には、オフィス環境に、周辺で仕事をしている人の顔が実際に見えるようなパーティションを導入することが考えられます。あまり顔が全部見えているのは、かえって気になって仕事に集中できないかもしれないので、たとえば鼻から上が見えているという絶妙な高さにすれば（高さの調整は、イスでもできるでしょう）、あまり仕事への集中を邪魔せずに人の感情だけをチラ見することができます。そして、そのような環境構築が物理的に無理なら、周辺に座って仕事している方の顔がPCモニターに現れるようなPCのデスクトップ環境をつくることが考えられます。たとえば、図3・15がそのようなPCデスクトップです。ご覧のように、このよう

【Q】2）エージェント（人工物）から人間への感情の伝染はわかったけど、その逆の人間からエージェントへの伝染はどうなのかな？

【A】その現象を再現すること自体は、簡単にできるよ。現在、かなりの精度で人間の顔表情から感情の状態を認識するAIは実現している（その多くの認識システムが、おそらくディープラーニングを使っている）ので、そのようなシステムを使って人間の顔表情と同じ感情をエージェントが自分の顔表情として表出すればいいからね。でも、これは情動伝染の表面的な再現に過ぎないと思うよ。

なデスクトップ環境は既に普及しているweb会議の技術をそのまま使えます。

●デスクトップや卓上の笑顔エージェントを使う　擬人化エージェントやロボットなどのエージェントでも、明るく元気な感情を顔表情やジェスチャーにより人間に伝染させることが可能であることをお話ししました。つまり、卓上型のロボットやモニター上の擬人化エージェントが明るく元気に振る舞うことで、人間に対してある種の癒しとも言えるような効果が期待できるわけです。当然、そのようなエージェントを開発することには価値があります。ウェアラブルセンサーの情報から職場の雰囲気を活性化する技術、イスやパーティションなどの什器類の色でやる気を起こさせる技術など作業効率化には様々な方法がありますが、ＨＡＩ的な情動伝染を使う方法も今後期待できるでしょう。

●チャットには笑顔のアバターを使う　これはみなさん個人がすぐに導入できる方法です。LINE、Skype、SNSなどのチャットツールにできるだけ笑顔のアバターや絵文字（図３・16）を付けるようにするだけで、相手の気持ちも明るくなります。特に、LINEのスタンプが好評だったのも、すごくインパクトのあるアバターを通じたマインドの表出の効果なのかもしれません。ただし、本来アバターは発信元の人のマインドを素直に表現すべきものです。暗く深刻なチャットをしているときに、ずっと笑顔のアバターや絵文字を出しているのもまずいですよね。この辺りは、ＨＡＩの技術を使って、基本的には笑顔で、深刻なチャットのときだけ相応の表情に自動的に変えてくれるような知的アバターが望まれます。そのような知的アバターを

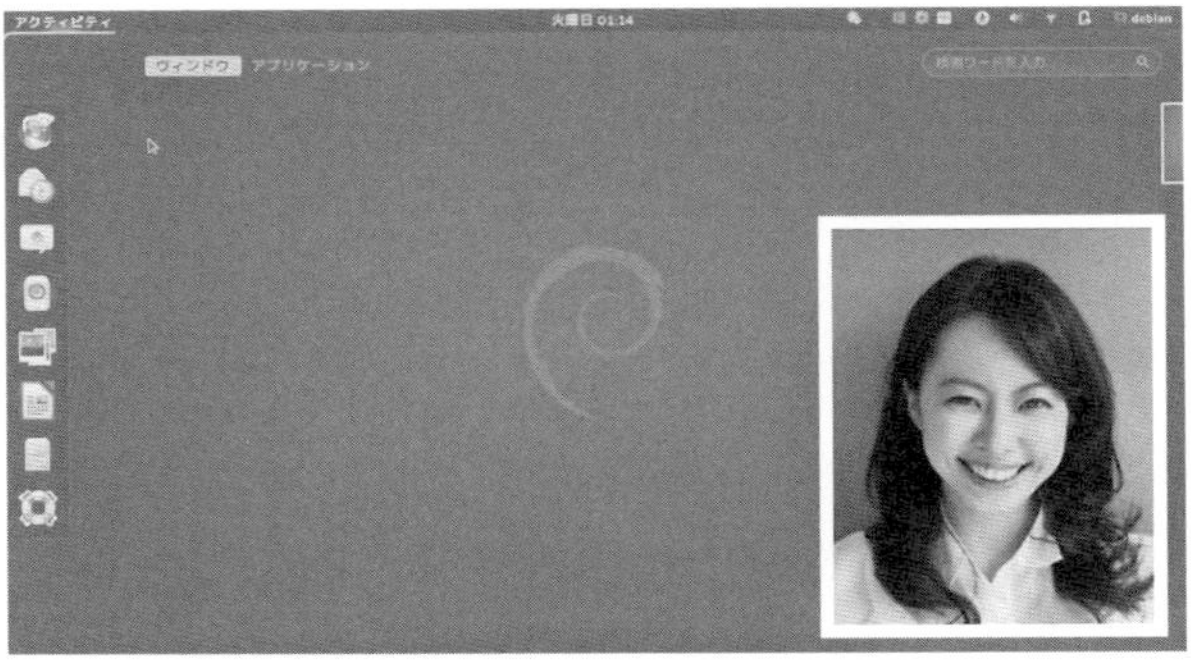

図 3.15　人の顔が見えるデスクトップ

図 3.16　ニコニコ笑顔のアバターや絵文字

作るためには、チャットの文章からその発信者のマインドを推定する技術が必要であり、そのような研究も進みつつあります。このあたり、ＡＩの機械学習で今後なんとかなりそうです。

参考文献

［1］ Hatfield, E., Cacioppo, J. T. and Rapson, R. L., *Emotional contagion*, Cambridge University Press (1994)

［2］ Tsai, J., Bowring, E., Marsella, S., Wood, W. and Tambe. M., A study of emotional contagion with virtual characters, *Proceedings of 12th International Conference on Intelligent Virtual Agents (IVA 2012)*, 81–88 (2012)

［3］ 松井哲也，山田誠二，「ユーザの信頼を誘発する商品推薦エージェントデザイン—感情と知識量の遷移による信頼向上」，『人工知能学会論文誌』，32(2), C-G92-1-10 (2017)

3-7　エージェントを介した人と人のマインドインタラクション

ウォズ WoZ――すごいAIのカラクリ

HAIやHRIにおける実験では、人間とエージェント、ロボットが会話するなり、ゲームするなり、何らかの交流、インタラクションをもつものがほとんどです。そのとき、エージェントが人間並みの高い能力を持つと仮定するのが都合のいいことが多いのです。たとえば、いま人間と対話するエージェントがどのようなジェスチャーをするのがいいのかを研究しているとしましょう。そして、そのジェスチャーの生成が上手くいったかどうかを評価するために参加者実験をするとします。そのとき、エージェントによる人間との対話の部分については、まだ人間並の対話システムはできていない[1]ので、とりあえず外見だけのエージェントを作っておいて、音声認識、対話処理や音声合成の中身の処理は裏で人間が行うという方法が考えられます。これが、WoZ（ウォズ、「オズの魔法使い」の意味）と呼ばれる方法です[1]。

調べたいのは、ジェスチャーの効果だけなので、それ以外の対話の部分は人間が裏で操作することにより、人間並のシステムを仮に実現するわけです。図3・17が、この様子を示しています。参加者は、このエージェントは人間並にすごいコミュニケーション能力があるなと勝手に思ってしまうかもしれませんが、それはご愛敬というところでしょう。

1)

【Q】あれ、スマートスピーカーとか回転寿司にいるロボットとかは人間並に対話できるんじゃないの？

【A】いやいや、これはAIの話になるけど、音声を聞き取る音声認識や、認識した後の自然言語処理、そして音声を作る音声合成のいずれも人間並にできる（＝膨大な状況、文脈でも可能）とは言い難い。AIが人間並や人間を超えているのは、チエスや囲碁などのゲームを初めとするごくごく一部の領域だけなんだよ。

図 3.17　WoZ の様子

エージェントの言うことは、人間の言うことではない

このWoZという方法ですが、実は人と人のマインドインタラクションに利用できそうです。それは、「人は自分はこれがいいと思ってやっていることについて、人からとやかく言われることを嫌がる」というマインドに関係しています。このマインドは日常的に誰でも経験することで、3-4節で触れたオーバーハードコミュニケーションと少し似ているとも言えます。その人の言っているアドバイスが正しいとわかっていても、それを素直に認めることには抵抗があるものです。自分のやり方、好き嫌いを通すことで最後に成功する満足感への執着かもしれません。ファッション、音楽、料理やアルコールなどに対する好みが典型でしょう。自分の好みをとやかく言われたくないですよね。また、ビジネスのほうでも、自分なりの経験に基づくやり方にこだわる営業マンやコーディングの流儀をもっているプログラマーなどで、このような傾向が強いと聞きます。

このようなとき、アドバイスする人はWoZを使って見たらどうでしょうか。具体的にどうやるかというと、人の代わりとして擬人化エージェントやロボットにアドバイスをしてもらうのです。裏では人が操作しているのですが、アドバイスを聞くほうからみると人間ではない、自分とは社会的な関係が希薄な擬人化エージェントやロボットからアドバイスされるので、そのアドバイスの内容を素直に評価して必要なら受け入れてくれるのではないでしょうか。それしきのことにわざわざエージェントを用意するのは大げさだと思われるかもしれませんが、

今後、プラクティカル・マジックの可愛らしいインタフェースロボット（2-10節）やITACOシステムの〝憑依〟するエージェント（2-9節）などが普及していれば、それらのエージェントを利用するだけなので簡単なことです。

ここで気をつけて欲しいのは、ここで使う擬人化エージェントやロボットは、背後にいる人を感じさせる、特定の人の代理であるアバターであってはいけないことです。それだと、その背後の人間に直接言われているのに近い感覚を持ってしまわれ、良い効果が期待できないでしょう。あくまでエージェントはWoZを感じさせない、つまり裏に操る人がいることを感じさせない存在であり、しかもアドバイスを受けるほうの人とは特定の社会的関係（同僚、上司や部下、家族などの関係）が希薄であることが重要となります。まあ、多くの秘書的なエージェントやロボットはこの要件を満たしていますので、実際はあまり気にすることはないでしょう。

CMCからAMCへ

コンピュータを介して行われる人間同士のコミュニケーションは、研究の世界では、CMC（コンピュータを介したコミュニケーション、computer-mediated communication）と呼ばれます（図3・18）。現在では、インターネットを利用した電子メール、LINEやSkypeによるチャット、電話回線を使ったSMS(short message service)など様々なCMCが利用できます。CMCは基本的に工学的な概念ではありますが、ネット社会を象徴する概念でもあり、社会心

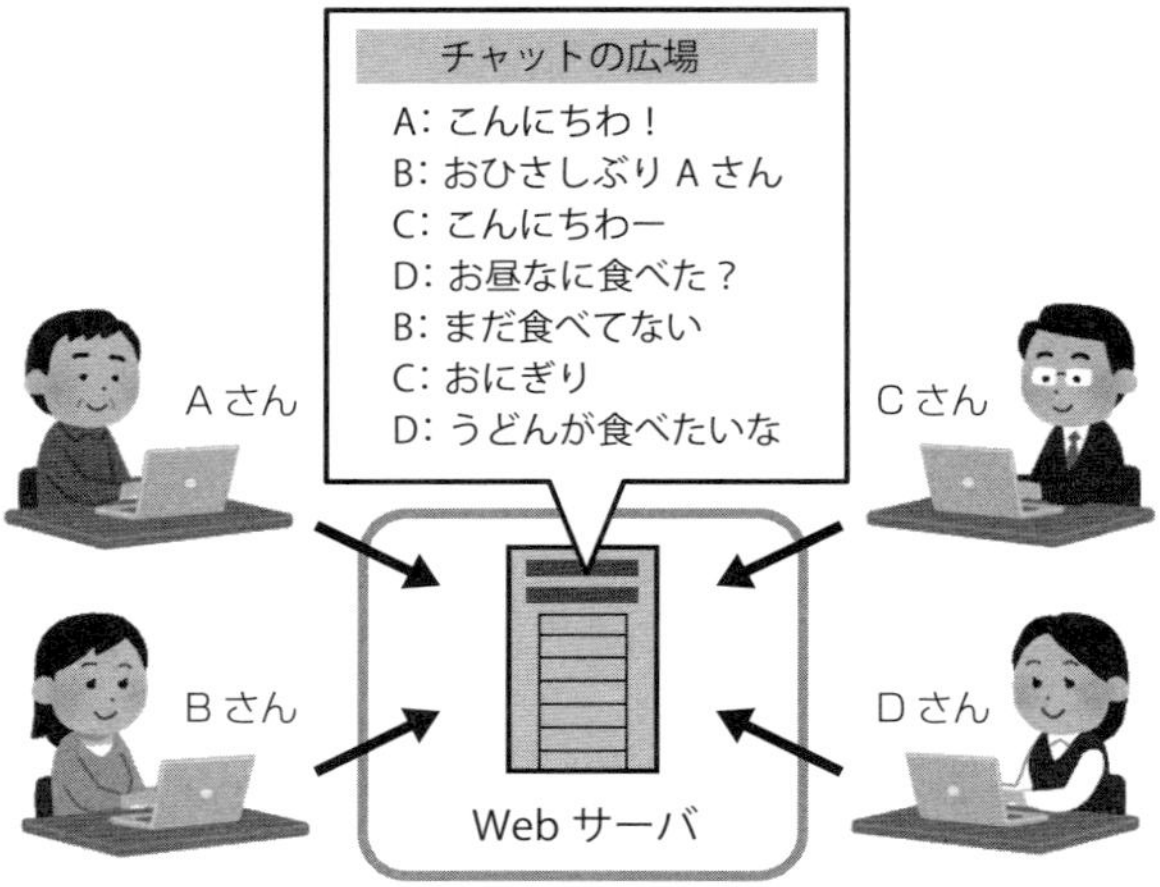

図 3.18　CMC：コンピュータを介したコミュニケーション

理学などの文系の学問でも扱われます[2]。

このCMCにおいて、人と人の間に介在するのがコンピュータですが、そのコンピュータの代わりに擬人化エージェントを設置することが考えられます。また、このような用途では、物理的な身体をもつロボットはちょっと扱いにくいのですが、卓上における小型ロボットやロボット型のスマホ[2)]なら使えるかもしれません。

このように考えると、エージェントを介したコミュニケーション**AMC**(agent-mediated communication)というコンセプトが成り立つでしょう。このようなAMCは、擬人化エージェントの社会導入のもっとも有望なものの一つではないかと考えられます。これまでもアバターを利用したAMCは実装され、サービス化されて一部で使われているかもしれませんが、われわれの提唱するAMCにおけるエージェントは、コミュニケーション相手の純粋な代理人としてのアバターではなく、コミュニケーションを行う二人に対して第三者的な存在であることを維持できることが重要になります。そうすることで、始めてアドバイスを第三者的な立場から伝えることができるようになるわけです[3)]。

AMCによって考えられるエージェント利用の面白い例として、ペットを通じた人同士の出会いをAMCでやってみるということがあります。みなさんも、このような話を聞いたことはないでしょうか。「同じ公園で犬を散歩させている二人の飼い主がいます。まず、犬同士が仲良くなって、それに釣られて飼い主同士が話をするようになり、お友達になった」というお話

2) 【Q】あのロボット型電話は、売れてるのかな？
【A】大変失礼ながら、あの電話がでたときは、正直あの企業も終わったなーと思った。でも、ここで議論しているようなCMCに介在するエージェントとしての利用を打ち出せばいいんじゃないかと思うね。実は既にユーザがそのような使い方を始めているのかもしれないけどね。

3) 【Q】言ってることがややこしいな。
【A】そうだね。要するに、これまでの人の代理としてのアバター的なエージェントはやめて、代わりに第三者としてのエージェントをCMCに導入すると、いろいろいいことがありますよということだよ。

しです（図3・19）。実際に経験された方もいるかもしれませんね。また、この効果を狙ったナンパもあるとかないとか。このような出会いにおけるペットの役割を実はAMCにおける擬人化エージェントでもできる可能性があるのです。

さすがにエージェントを散歩に連れて公園に行くのは難しいのですが、AMCが一般に普及するとエージェントが勝手に集まって交流するエージェント広場とも言うべき場ができると予想されます。エージェント広場では、エージェント達は一時的に飼い主のユーザから離れて自由に交流し、仲の良い友達エージェントを作ることでしょう。そして、そのエージェント友達を通じてご主人様である人間同士が出会うというわけです。どうです、なかなか面白い状況だと思いませんか。見方を変えると、エージェントが代理ナンパをやっていると言えるでしょう。引っ込み思案な人間の代わりにエージェントが二十四時間ナンパをやり続けてくれるわけです。

人を介したアドバイス

WoZを使った例についてお話ししましたが、実はわたしたちは似たようなことを日常的にやっていることにお気づきでしょう。そうです、「あの人には私から言っても聞かないので、あの人と直接関係がなくて冷静に判断できそうなあなたからあの人に言ってもらえないか。あくまであなた自身のアドバイスとしてお願いします」ということを誰かにお願いした経験はな

図 3.19　犬を介した飼い主の出会い

図 3.20　第三者を介したコミュニケーション

いでしょうか（図3・20）。筆者らの経験では、研究室内での先生と学生のコミュニケーション、企業、大学組織や学会内での人の説得などの時によくある話です。大学や学会には、研究も事務処理もこなせる優秀な人がたくさんいますが、中には優秀ではあるけども人間的に変わった人もいます。[4] ある意味、とても高いレベルの戦略であり、心の理論を最大限に活用することが必要な高次コミュニケーションテクニックだと思います。

このように考えていくと、先にお話ししたAMCも、実は人-人の間で日常的に行われてきたテクニックを、人の代わりにエージェントを導入して再現していると言えるでしょう。そして、これまで幾度も触れてきたように、この「人-人の現象を人-エージェントに置き換える」というアプローチはマインドインタラクション、HAIで普遍的に採られる方法論なのです。

4）【Q】そんなことを言ってる、あなた達も変わってるんじゃないの？（笑）
【A】まさにそうだね（笑）。ただ、筆者らは研究者の中では人間的にまともで、企業で営業をやっても上手くやっていけたと自負しているんだけどね。周りの人はそうは思ってないかもね。まあ、とにかく研究者には、BBCドラマ『シャーロック』におけるシャーロック・ホームズのような「高機能社会不適合者（high-functioning sociopath）」が相当数いることは確かだね。

参考文献

[1] Fraser, N. M. and Gilbert, G. N., Simulating speech systems, *Computer Speech & Language*, 5, 81–99 (1991)

[2] 金官圭,「CMC(Computer-Mediated Communication) を通して形成される人間関係に関する探索的研究」,『社会心理学研究』, 13(2), 83–92 (1998)

B 級グルメな大学教授たち

筆者らとその周辺には，B 級グルメの研究者達が結構います．まあ，今回のコラム担当である山田も，B 級グルメだとは思いますが，主に出張の夜にその土地土地にある（チェーン店ではない）酒と料理が美味しい名居酒屋巡りが好きで，下調べしてよく行きます．この下調べによく使うのは，アートディレクターで居酒屋評論家でもある太田和彦氏が一人で居酒屋を飲み歩くテレビ番組です．そのうちのいくつかのお店を思いつくままにご紹介したいと思います．

まずは，次章「むすびにかえて」でも触れています，本書執筆に大きく貢献した札幌の名店『味百仙』は外せません．同じく札幌『てんぐの蔵』，『こふじ』，旭川の『三四郎』，一気に四国へ飛んで高松の『美人亭』の煮魚は開眼ものでした．岡山の『さくらや』では，ままかりの本当のおいしさを味わえました．最近の贔屓は，横浜野毛の名居酒屋『わかば』です．新横浜『ヴァンヴァン』も素晴らしいワインバーです．盛岡の『愛染横町』もいいですね．岐阜『御瑠草（おるそう）』，名古屋『大甚（だいじん）』，京都『赤垣屋』，神戸『藤原』．東京はいっぱいありますが，超有名処の『金田』，『シンスケ』から始まり，職場のある神保町の『おかん』『酔の助』『あおと』（学生とよくいきます），横浜青葉台ではミシュランビブグルマンに載った『柊（ひいらぎ）』，料理も美味しいバー『アンティクエリー』，福岡博多は『さきと』，『寺田屋』，鹿児島の『なな竈』，函館『佐平治』（ここも一時期筆者らのなじみでした），『季肴酒』，豊橋『むらた』，長野『徳兵衛』，広島『四季彩』，小倉『武蔵』などなど．

以上のお店は，筆者らが実際に何度か足を運んだ折り紙付きの名居酒屋です．多くの店は日本酒の品揃えが豊富で，すべてのお店の料理はとても美味しいです．また，基本的に居酒屋やワインバーなので，財布にやさしいお店でもあります．ただ，あくまで B 級グルメ視点なので，A 級グルメの方のお口には合わないかもしれません．でも，本当に掛け値なしでおすすめできる居酒屋ばかりですので，よろしければぜひ訪れてみてください．

むすびにかえて

本書の目的は、われわれが中心となって立ち上げたヒューマンエージェントインタラクションＨＡＩ(Human-Agent Interaction)という研究分野の成果を一般の読者の方々にも知っていただくことと、それだけに留まらず、ＨＡＩの研究の視点から見ると日常生活で見慣れた社会や家庭での出来事、人と人の関係、人と人工物の関係などがちょっと違うように見えることを知っていただくことでした。そして、この視点から見える、いままでとは違う風景はきっと日常生活におけるさまざまな問題を解決する手がかりになったのではないかと思っています。

本書で取り上げた、日常生活における問題を解決する方法は、いまの人工知能ＡＩがもっとも不得意とするものです。本文でも紹介しましたが、英国オックスフォード大学のオズボーン博士はＡＩやロボットの技術の発展により、十年後には米国の雇用者の４７％が職を失うと結論づけています。それでは逆に、どのような職業の人がコンピュータによって置き換えることが難しいのでしょうか？　彼の作成したリストには、ソーシャルワーカーやセラピスト、小学校の先生、カウンセラーなど人と人の関係の機微やそこにおける問題を扱う職業が並びます。

つまり、本書で扱った日常生活における問題解決の方法は、いまのＡＩがもっとも不得意とするものであるとともに、特にこれからわれわれがもっとも大切にしていかなければいけない方法論でもあるのです。

そして本書では、人と人工物の関係を考えることが、人と人の関係を考えることにプラスとなることをくり返しお話ししました。人間はコンピュータのような人工物にも社会的に振舞うことがメディアの等式の研究から明らかとなっています。さらに、擬人化されたエージェントやロボットであればなおさら人は対人的な反応をしてしまうでしょう。それゆえに、人とエージェント（ロボット）の関係を調べることにより、人と人の関係を深く知ることができるようになるのです。これがＨＡＩ研究の重要な点の一つです。

近い将来、人とエージェントやロボットが共生する時代が来ると言われています。みなさんはいまどのような未来像を描いているでしょうか？　少し振り返ってみると、日本の一般家庭でインターネットを使うことができるようになったのは１９９５年頃です。つまり、インターネットはまだ二十数年の歴史しかないのです。スマホの代表格であるiPhoneが日本で発売されたのが２００８年です。つまり、まだ十年ほどしか経っていないのです。しかしすでにどちらも、社会的なインフラとしてなくてはならないものになっています。

われわれはエージェントやロボットもそのような社会的インフラになると予想しています。しかし、これらの人工物が社会的なインフラになったとしても何も危惧することはないのです。人と人が接するように、普通にこれらの人工物と接していけばよいのです。

しかし、たまには、自分とエージェントやロボットとのやりとりを見つめ直してみるのもよいかもしれません。なぜなら、人と人工物のやりとりは、人と人のやりとりを写す鏡なのですから。

この本の企画が持ち上がってから、何年もの歳月が経ちました。その間、もちろん筆者らは遊んでいたわけではなく、筆者ら自身にもいろいろなことがありました。にも関わらず、根気強く出版を促していただいた近代科学社の小山透フェローの強いマインドがなければ、本書は日の目を見ることはなかったことは明白です。その意味でも、小山氏にいくら感謝してもやまないマインドで一杯です。また、本書で紹介しているＨＡＩ研究の多くは筆者らの共同研究がそのベースになっています。共同研究者への感謝の意味も込めて、一部の方の氏名を挙げさせていただきたいと思います（五十音順）。

今井倫太先生（慶應義塾大学）、小川浩平先生（大阪大学）、小林一樹先生（信州大学）、小松孝徳先生（明治大学）、坂本大介先生（北海道大学）、鈴木聡先生（大阪経済法科大学）、寺田和憲先生（岐阜大学）、中野幹生博士（ホンダリサーチインスティテュート）、船越孝太郎博士（ホンダリサーチインスティテュート）、松井哲也先生（成蹊大学）をはじめとする共同研究者の方々に感謝いたします。

また、この本の執筆には、北海道大学 大学院情報科学研究院の小野哲雄教授室での筆者らの度重なるミーティングが重要な役割を果たしました。そして、毎回3時間ほどのミーティング後に、札幌の名居酒屋『味百仙』[1)]で銘酒と美味しい肴に舌鼓を打ちました。北大工学部から札幌駅に向かう途中にある、筆者らが「マインドインタラクションの道」と名付けた趣のある小道を足繁く散策し、カモの親子を観察したことも筆者らに心の安らぎを与えてくれました(図1)。また、筆者の山田が少し早く北大に着いた場合は、工学部手前にある大野池で少しの間執筆を進めたのも楽しい思い出になっています。このようなすばらしい環境を与えていただいた北海道大学と名居酒屋にも心より感謝いたします。

図1　マインドインタラクションの道

1)
【Q】『B級グルメな大学教授』でも紹介されていた札幌の居酒屋だね!

【A】そのとおり。マンガ『美味しんぼ』にも出てきて、「ジャガイモのバター煮」が有名なんだけど、個人的には、バター煮はたいしたことないと思う(笑)。それより、刺身、焼き魚、野菜の料理が秀逸。日本酒も全国のものが五十種類以上はあるんじゃないかな。あと客層もよく、騒いでる人は見たことないよ。大人がゆっくり楽しめる居酒屋の代表です。

著 者 紹 介

山田 誠二（やまだ せいじ）

1984 年　大阪大学基礎工学部制御工学科卒
1989 年　大阪大学大学院基礎工学研究科博士課程修了
1989 年　大阪大学基礎工学部助手
1991 年　大阪大学産業科学研究所講師
1996 年　東京工業大学大学院総合理工学研究科助教授
2002 年　国立情報学研究所教授
現在にいたる．工学博士．

専門分野は，HAI ヒューマンエージェントインタラクション，人工知能，インタラクティブ機械学習．著書に『本当は，ずっと愚かで，はるかに使える AI』（日刊工業新聞社），『人とロボットの＜間＞をデザインする』（監著，東京電機大学出版局），『人工知能の基礎（第 2 版）』（共著，オーム社）など．

小野 哲雄（おの てつお）

1997 年　北陸先端科学技術大学院大学情報科学研究科博士後期課程修了
同　年　㈱ ATR 知能映像通信研究所客員研究員
2005 年　公立はこだて未来大学情報アーキテクチャ学科教授
2009 年　北海道大学大学院情報科学研究院教授
現在にいたる．博士（情報科学）．

専門分野は，ヒューマンエージェント／ロボットインタラクション（HAI/HRI），コミュニケーションロボット，環境知能システム，認知情報科学．著書に『人とロボットの＜間＞をデザインする』（共著，東京電機大学出版局），分担執筆として『人工知能学事典』（共立出版），『ロボット情報学ハンドブック』（ナノオプトニクスエナジー），『ロボット工学ハンドブック』（コロナ社）など．

マインドインタラクション
AI 学者が考える《ココロ》のエージェント

2019 年 8 月 31 日　初版第 1 刷発行

著　者　山田誠二
　　　　小野哲雄
発行者　井芹昌信
発行所　株式会社 近代科学社
〒162-0843 東京都新宿区市谷田町 2-7-15
電話 03-3260-6161 振替 00160-5-7625
https://www.kindaikagaku.co.jp

大日本法令印刷　ISBN978-4-7649-0595-5
定価はカバーに表示してあります.